# 我的抗战故事

## ——20位抗战老兵的口述

王海平◎策划　　张军锋◎主编

河北出版传媒集团
河北人民出版社
石家庄

## 图书在版编目（CIP）数据

我的抗战故事 : 20位抗战老兵的口述 / 张军锋主编. 石家庄 : 河北人民出版社, 2025. 5. -- ISBN 978-7-202-17535-4

Ⅰ. K265.106

中国国家版本馆CIP数据核字第20254D0Z01号

| 书　　名 | 我的抗战故事——20位抗战老兵的口述 |
| --- | --- |
| | WO DE KANGZHAN GUSHI |
| | 20 WEI KANGZHAN LAOBING DE KOUSHU |
| 策　　划 | 王海平 |
| 主　　编 | 张军锋 |
| 策划编辑 | 荆彦周　李成轩 |
| 责任编辑 | 张紫薇　苏金奕　刘大伟 |
| 美术编辑 | 于艳红 |
| 封面设计 | 张　宾 |
| 责任校对 | 付敬华 |
| 出版发行 | 河北出版传媒集团　河北人民出版社 |
| | （石家庄市友谊北大街330号） |
| 印　　刷 | 河北新华第一印刷有限责任公司 |
| 开　　本 | 787毫米×1092毫米　1/16 |
| 印　　张 | 16.25 |
| 字　　数 | 185 000 |
| 版　　次 | 2025年5月第1版　2025年5月第1次印刷 |
| 书　　号 | ISBN 978-7-202-17535-4 |
| 定　　价 | 45.80元 |

**版权所有　　翻印必究**

如有印装质量问题，请拨打电话0311-88641240联系调换。

# 前　言

2025年是中国人民抗日战争暨世界反法西斯战争胜利80周年，这个让人再次回望抗战胜利、缅怀抗日先烈和英雄的年份，在不知不觉中悄悄到来。

半年前，河北人民出版社就向我约稿，希望能精编一本八路军老战士的口述的小书，作为华北抗日根据地重要组成部分——河北老区人民纪念抗战胜利80周年的一点心意。

20年前，也就是纪念抗战胜利60周年之际的2005年，河北电视台的纪录片团队在海平兄的带领下，经过数年艰苦拍摄和创作，完成了18集大型口述体纪录片《八路军》。这部纪录片成为那一年多部抗战影视作品中风格鲜明、价值独特的一部，播出后引起了良好的社会反响。在历时三年半的拍摄过程中，近400位八路军老战士接受了摄制组的采访。在参与创作纪录片《八路军》的同时，海平兄把整理出版八路军老战士口述文字的任务交给了我。在20多位学者、研究生共同参与下，我主持完成了这项烦琐、枯燥但意义重大的工作。2005年，中央文献出版社出版了75万字的《八路军老战士口述实录》，2015年，江苏人民出版社出版了144万字的《八路军口述史》。今天读者朋友们看到的这本《我的抗战故事——20位抗战老兵的口述》，是从上述

两部已经出版的口述史著作中精选出来的。

这20篇口述文字，字数长短不等，每位老人的语言风格也略有差异，但每一篇都是饱含老战士激情、深情乃至痛苦、血泪的文字。全书也大体涵盖了八路军总部和第一一五师、第一二〇师、第一二九师等八路军主力活动以及晋冀鲁豫、晋察冀、晋西北、山东等八路军创建的主要抗日根据地的内容。

燃烧在中华大地上的抗日烽火虽然早已远去，20年前接受我们采访的八路军老战士大都离开了这个世界，但日本侵略者强加给中国人民的战争灾难、痛苦记忆和中国人民历尽艰难取得的抗战胜利的喜悦，绝不会消失，它们不但时刻警醒着国人勿忘国耻，而且也永远激励着年轻人，以大无畏的斗争精神面对一切挑战和威胁，自信地走向美好的未来。而这，也正是我们编选这本书的初衷。相信每一位读者朋友都能从老战士的口述文字中汲取前行的力量。

在此，再次对接受我们采访的每一位八路军老战士深表敬意和感谢，对帮助纪录片《八路军》创作、促成八路军老战士口述著作出版的朋友，对纪录片《八路军》摄制组和参与八路军老战士口述文字整理工作的同志们深表感谢。

张军锋

2025年1月于北京

# 目 录

**朱位汉：平型关战役中英勇负伤的杨勇将军 / 001**
　　　三原誓师，红军改编出征 / 001
　　　杨勇带伤指挥战斗，终于拿下老爷庙 / 004
　　　消灭日军1000多，一个活的俘虏都没有抓到 / 006

**郭　瑾：在一二九师司令部的岁月 / 009**
　　　阎锡山突然翻脸，决死队损失惨重 / 009
　　　到太行军区三军分区 / 011
　　　精兵简政 / 012
　　　一次漂亮的伏击战 / 012
　　　伪军和维持会实际上向着我们 / 013
　　　反"扫荡" / 015
　　　一二九师司令部的"三人三只眼" / 015
　　　灭蝗灾 / 016
　　　解决吃饭问题的一个"奥妙" / 018
　　　赤岸村亮了电灯 / 022
　　　接待美国飞行员 / 022
　　　修建漳南大渠 / 024
　　　整风有点过火 / 025

**邓才文：太行山上几次激烈的战斗 / 026**

大雨中的誓师大会 / 026

我搬了 2000 发子弹，扛了一挺机枪 / 027

银庄刘伯承遇险 / 027

七亘村、霍村、阳明堡战斗 / 028

响堂铺伏击战 / 029

从晋东南到冀南，战斗不断 / 031

参加营救刘志坚 / 032

消灭石友三部队 / 033

到北京观礼，陈赓还认得我 / 033

**高厚良：冀南根据地的创建和斗争 / 035**

一二九师到冀南打得漂亮的第一仗就是香城固战斗 / 035

冀南抗日根据地的形成 / 037

著名的"人山"战术 / 039

"四二九"冀南大"扫荡"，我们损失惨重 / 041

关键就在于能跟老百姓打成一片 / 042

挖地道挖得敌人的碉堡"坐飞机" / 044

**郝印奎：在冀南的艰苦岁月 / 046**

在军事干部学校和华北财政经济学校学习 / 047

从八路军总部到第一专员公署 / 049

为什么要打百团大战 / 051

通过内线从成安县城抢物资 / 052

抓了几个日本俘虏 / 054

最艰苦的时候吃过蚂蚱 / 055
我们被包围，于专员被俘 / 056
到党校学习，赶上整风 / 058

## 马书龙：从剧社演员到骑兵团连指导员 / 059

在先锋剧社演反派 / 060
到骑兵连当指导员 / 061
必须学会 20 句以上的日本话 / 062
双村营战斗 / 063
攻打插花楼 / 067

## 冯闻智：亲历冀东暴动和冀东的几次战斗 / 069

冀东特委书记王平陆 / 069
邓宋支队留下包森在冀东坚持斗争 / 070
在十棵树村，没有包森指挥就要全军覆没 / 071
李运昌多次遇险，都幸免于难 / 072
一个大胜仗，十三团全部换成新式捷克武器 / 073
一个钟头，消灭 100 多鬼子 / 074
节振国抗日时间不长就牺牲了 / 075

## 许国恩：冀中地道战和"卡私"遇险 / 076

15 岁参加八路军 / 076
当新兵出洋相 / 077
三次地道战 / 079
"卡私"遇险 / 080

偷袭保定西关武器库 / 082

玉米地里的歼灭战 / 083

打新乐，鬼子放毒气 / 084

**史进前：回忆平西游击队和平西根据地的斗争 / 085**

创建平西游击队 / 085

妙峰山突围 / 088

阜平整训 / 088

二道河伏击日军 / 089

开辟平西根据地 / 090

赵侗事件始末 / 091

奔袭石景山 / 093

参加黄土岭战斗 / 093

拔除日军的钉子据点 / 094

南坡头战斗打得干净利落 / 095

**齐景武：在定易涞的艰苦岁月 / 096**

小海伏击战 / 096

渡过难关 / 098

为什么要打狗 / 101

政策决定以后，干部是决定因素 / 101

怀念战友 / 104

**魏 轩：三打佐佐木 / 105**

令人发指的潘家峪惨案 / 105

组织复仇团 / 106

一打佐佐木 / 107

二打佐佐木 / 108

佐佐木钻进了我们的口袋 / 109

一仗击毁了敌人三个连 / 110

佐佐木终于被击毙 / 111

**张　霖：铁骑转战 / 112**

出师雁门关和收复七城 / 112

滑石片战斗，进军晋察冀 / 114

四战四捷，威震冀中 / 117

部队整编和齐会大捷 / 119

陈庄战斗 / 121

回师晋西北，保卫陕甘宁 / 123

**陈泽民：一位八路军"粮草官"的生死回忆 / 127**

成为一二〇师的一名"粮草官" / 127

一二〇师掀起了冀中抗日的热潮 / 130

亲历齐会战斗 / 133

"老财主"捐布做军衣 / 134

陈庄战斗 / 137

夜过同蒲路，与阎锡山交手 / 139

康家会伏击战 / 141

林洪奎误伤老大娘之后 / 142

在我旁边，仲崇山被飞机炸烂了 / 143

又一个老乡死在汾河边 / 145
晋西北"改善生活" / 146
思想总结也不放松 / 149
孙家庄战斗死里逃生 / 150
这样度过了三年困难时期 / 156
来到陕甘宁边区 / 159
贺龙师长批给三五八旅5000把镢头 / 161
大生产轰轰烈烈搞起来 / 165
严密严格的财务制度 / 168

**赵廉洁：智取娄烦** / 171

接受命令 / 171
两个"臭皮匠"顶个诸葛亮 / 173
"我们是八路军武工队，不许动！" / 174
"你们真是好样的" / 176

**刘振华：在山东根据地的经历** / 178

打出八路军旗号发动抗日武装起义 / 178
参加反"扫荡"斗争 / 181
开始了战略反攻 / 184
离开山东奔赴东北 / 186

**刘宝俊：回忆渤海回民支队** / 188

回民支队建立初期 / 188
反"扫荡"作战 / 189

成功的统战工作 / 192
　　用各种方法掩护自己 / 195
　　回民支队很团结 / 195
　　队伍发展快，主要是因为群众关系好 / 197

**孔凡玉：亲历海陵县独立团几次激烈的战斗** / 199
　　海陵县独立团的来历 / 199
　　智取大兴庄和演马庄战斗 / 200
　　荞麦村战斗 / 206
　　我身上流淌着 38 位战友的血 / 210

**峻　青：亲历胶东反顽斗争和马石山突围** / 212
　　脱下长衫到部队 / 212
　　胶东军民一体反"扫荡" / 214
　　胶东的地雷战 / 214
　　胶东反顽战斗 / 215
　　马石山上悲壮的一幕 / 217
　　抗战胜利，有人高兴得号啕大哭 / 221

**张玉华：在抗大一分校和山东纵队的经历** / 224
　　到抗大一分校学习 / 224
　　抗大的课程安排 / 226
　　周校长就强调一个"快"字 / 227
　　宣传和纪律 / 228
　　反"扫荡"时，敌人追踪电台发现我们 / 229

负伤的经历 / 231
遭遇残酷的"铁壁合围" / 232
打破鬼子的拉网战术 / 234

**纪志诚：在晋察冀画报社的日子** / 237
沙飞创办《晋察冀画报》/ 237
大"扫荡"中，带胶片的同志扎在死人堆里逃生 / 239
过平汉线 / 241
到敌占区，遇到"清乡" / 242
在伪队长家里隐蔽 / 243

## 朱位汉

1917年生于江西瑞金,参加过红军长征,抗战期间任八路军一一五师军医,离休前任北京军区后勤六分部副参谋长、顾问。

## 平型关战役中英勇负伤的杨勇将军 [1]

### 三原誓师,红军改编出征

1937年8月23日,红军主力改编为八路军,一一五师在陕西三原县誓师,朱德、彭德怀、聂荣臻、徐海东、左权等人一道参加,由朱德宣布把红军改编为国民革命军第八路军,讲完以后,让同志们好好准备,开往前线抗战。

把军服发了,让各个单位领回去。穿国民党的服装,戴国民

---

[1] 杨勇,1912年生于湖南浏阳,参加过红军长征,曾任红一军团一师政治委员,抗战期间,先后任一一五师三四三旅六八六团副团长、三四三旅旅长、中央党校一部支部书记、平原军区副司令员。1955年被授予上将军衔,1983年病逝。

党青天白日帽子，大家不乐意，转不过弯来。有的哭哭啼啼说，不行，我们跟国民党蒋介石打了十年，他们伤了我们多少人，我们怎么能戴他们的帽子，这不是叛变吗？问题提得很尖锐，那不是让我们叛变吗？我不干了，我回家去吧。干部也好，战士也好，议论纷纷，大家都不穿。在这种情况下，我们队长、我们的指导员就亲自穿上国民党的服装、戴上帽子，到各个单位，什么医生、护士呀，哪儿都去了一遍，说，你看，我们这不是很好嘛，我们戴上这帽子，穿上这衣服，团结在一块儿，打日本，消灭日本鬼子。党让把红军改编为第八路军，我们听党的话，党让我们穿国民党的衣服，戴国民党的帽子，我们要听党的话。大家还是不听，大多数人还不愿意。后来他们回去了，就开了个党员大会，从党员、团员动员，动员要听党的话，改为八路军，听党的话。戴国民党的帽子，红军改编为八路军，就是一起把日本鬼子赶出中国去。十年内战，我们现在要听党的话，和友军团结在一块儿打日本人。做工作，共产党员、团员要带头，你们自己听好了，帮助群众，都穿上国民党的服装，戴上国民党的帽子。做这个工作以后呀，号召党员呀先做模范，在这个事上做模范，帮助大家都要穿上国民党的服装，戴上国民党的帽子。开表扬会，表扬穿上国民党服装的同志，你看都穿上了，很好呀，我们和国民党一样，我们在一起就可以做朋友，做团结的工作，更好地团结全国人民。这个时候，大多数人已经讲（表态同意）了，有少数不愿意讲，我就是其中一个。上级首长叫我站起来讲，我不愿意讲。他说，你看我到你这儿来的时候，我也是戴的红军的帽子，后来你们改了，我不也就改了嘛，你看我现在穿的国民党的服装、戴着国民党的帽子不是也很好嘛。他就开导我，给我讲，我就听了他的话了，后来我就说，谁让我讲，我都讲，结果后来也没有让我讲。

随后整个部队做准备，做军事、政治、卫生方面的准备。军事方面总结十年内战的游击战、运动战的经验。我们卫生单位做药品及材料的准备，这是第一点；第二点是做部队这些战场自救、互救的教育；第三点，部队进行战争自救、互救的演习。政治方面进行思想教育，主要是讲，红军改编为八路军，是在共产党的领导下，我们一切行动要听党的话，要按党的指示办事；不做一切违背我们红军的思想、共产党的意志的事情，不要违反纪律，向着党的方向前进。不能自私自利，有钱出钱，有力出力，组织抗日游击队，组建抗日根据地，组织全国人民一起来抗战。改编为八路军后，指示部队实施教育，到任何地区，对敌人也好，对我们的抗日军民也好，主要做抗日救国的宣传，耐心地组织他们同我们团结在一起来抗战。完成改编后，我们穿上军装，从陕西出发，过了黄河又到了山西，一路上群众欢迎我们，"欢迎八路军！参加抗日！"国民党军官和当地的一些士绅呀，搭上棚子，用茶水、用西瓜呀招待我们。

他们领着我们宣传队下去宣传，什么前边是日本鬼子拿着枪杀我们中国人呀，这是一个剧；还有就是日本鬼子跑，中国人拿着枪在后边追杀，这也是一个剧。那时候还唱歌，什么《松花江上》，唱什么打败伪军、消灭日本鬼子、解放中国人，很热闹。工人、农民、学生都跑到我们的部队来，要传单，我们就给他们。一天深夜一两点的时候，我们坐上火车，到原平下车，下了火车后，又坐汽车，到了灵丘、涞源这一带。这时日本军把灵丘县占了，没有占涞源县，我们就扰乱他，打击他，牵制他。多数

人做群众工作，组织游击队，组织人民抗争，把好人、地主什么的团结在一块儿，在这里驻了一段时间。

我们领导号召我们给人民解决痛苦，有病的给他们治病，有伤的给他们治伤，私下人们需要的，我们都要解决困难，所以我们的支队组织几个小组到各个地方给人看病，尤其是中医，扎扎针灸，给他放放血，开点中药，他就好了。我们到农村给人们看病，对人们的影响很大，从来没有见过这样的军队。我们到别的地方去，群众全体出来欢送我们，说，你们再回来，你们再回来！

### 杨勇带伤指挥战斗，终于拿下老爷庙

在这个地方驻20天左右，一直到9月24日，我们部队开会说，总部有指示，我们要配合国民党军队，保卫太原。我们是红军主力改编为八路军，这是第一仗，打好这一仗对全国人民抗日胜利是一个很大的鼓舞。9月24日下午，4点多钟吧，我们就出发了，出发时没粮食，我们带着山药蛋，每个人煮好山药蛋，当干粮，就行军。到了一个山沟里，天下大雨，山洪很大的，还冲走了些人，我们团冲走了三四个人，冲走的都是体质弱的，背着包，山洪下来，来不及躲，就冲走了。大雨下到夜里1点多钟，我们沿着山路爬，直到第二天（25日）凌晨，大概4点多钟吧，那时候没有表，部队就潜伏到平型关南面，三四三旅有两个团——六八五团、六八六团，六八七团是徐海东那个旅的，三四四旅，他是两个团。在摆阵的时候，不能被敌人发现，鸦雀无声，摆在山的两边，到天明的时候，敌人发现我们后，从汽车上朝我们射击，打我们，我们没动。到天亮了，我们打起号

枪，东边往下打，西边也往下打，那儿有个老爷庙，敌人在那儿有据点，是敌人的兵工厂，容易爆炸。所以我们一打，他那儿枪支弹药很多，没打下来。后来我们突然攻击他，敌人很顽固，他武器很好，每个班都有小炮，有机枪，装备比较好。我们武器差些，但是我们战斗力强，我们战士一切都听指挥，来回拉，你打过来，我打过去，他跟我们搏斗，我们一下子上去了三个。他害怕，不敢跟我们搏斗。他回到老爷庙，用炮打我们，他还有一种枪榴弹，用枪榴弹打我们，那时候我们还没有。他把子弹放枪上，一拉，子弹就打我们，还有小炮，那叫步兵炮，打我们，他火力比较强，我们伤亡比较大，一直打到晚上9点多钟，老爷庙外边的敌人大部分被消灭了，老爷庙消灭不了，攻不克。

政治委员杨勇同志带着六八六团和三营，我在三营，杨勇这个时候左小腿负伤了，弄得他的裤子上全是血。这个时候呀，我在他跟前，我正给负了伤的连长包扎时，杨勇的警卫员刘春生说："怎么负伤了？"叫我上去给他包扎。我爬到他那儿用剪子把他裤子给剪开了，先止好血，后用纱布包扎，用碘酒消毒，那时没有用止疼药，因为战斗很激烈，打过来打过去，在这个时候，他不能走了。我说："政治委员，我叫警卫员去，你也走不了了，我叫警卫员把你送到包扎所去。"他好像没有听见，他叫："警卫员，叫三营长去！"三营长马上就过来了。他对邓营长说，组织三个尖刀排，你带一个，我带一个……我们都去老爷庙，把这个冲锋枪、手榴弹集中起来，多带点炸药包（那时候有小的炸药包），把老爷庙给他炸翻了，都去。

在这个时候，我说，你不能带尖刀排了。他骂我，就你事多。我说你走不了了，结果他一走就趴下了。他又说，邓营长去

组织尖刀排,都去老爷庙。他站起来,没走几步,就又趴那儿了,给摔那儿了。我和邓营长赶紧把他扶起来,扶起来后,他再也不能走了。在此情况下,他对邓营长说,都去老爷庙。我说,邓营长,政治委员走不了了,带不了了,你派几个战士吧。在这个情况下,邓营长一招手,刘春生扶杨勇下去。杨勇喊,邓营长,你赶紧带尖刀排去老爷庙。他又说,战士们都回去,不要管我。邓营长怕敌人反冲过来,走不了了。杨勇拿枪打了两枪,我命令你赶紧带着尖刀排去老爷庙,让战士们都到老爷庙去,我有小刘,有朱位汉就行了,要那么多人干吗!

这个时候战斗很激烈,老爷庙南边火力很强,我和小刘手挽着手,杨勇坐在我们中间。他个子很高,我们很吃力,每行一步都很困难,那个警卫员身上也搞破了,衣服也破了,我的手也破了,现在我的手上还有伤疤呢,肚子上也有个伤疤,肚子也破了,那还得往前爬,一步一步。后来往上爬,脱离了危险地带以后,我们两个又抬着他走,大概走了 40 分钟,到了山北面我们这个团的包扎所。把杨勇放那儿后,正好包扎所团总支书记吴戴同志在那里,他一看见,赶紧给杨勇包扎,可杨勇看见我们两个身上都是血,衣服都破了,就掉着眼泪说,你们两个小鬼呀,为了救我,你看你们身上搞成什么样了,全身是血,快给他们洗了,包扎吧。我说,政治委员呀,你的伤很重,先给你包扎。给他包扎完,又把我们俩人的伤口洗了,包扎完了以后,我就返回部队了。

### 消灭日军 1000 多,一个活的俘虏都没有抓到

返回部队时,老爷庙还没拿下,后来六八七团上去了,一

起把老爷庙拿下来了。这个战斗结束后呀，有两种说法：第一种，消灭敌人3000多人，后来又有人说，消灭1000多人，不到2000。我觉得1000多人合理些，3000多人有些夸张。消灭了日军1000多人，准确点1500人，击毁汽车100多辆，那会儿山上多少汽车呀，我们没有一个会开汽车的，把那汽车全烧了。我们伤亡也比较大，我们伤亡600多人。

刚开始我们吃山药蛋，结束后，山药蛋不吃了，吃日本鬼子那麻将饼干。我们都学了几句话，什么缴枪不杀……后来我们有一些护士、卫生员给日本俘虏换药，咱们那会儿不了解他的装备呀，他有那个匕首。有一次我们去了，给日军俘虏换药，他拿出匕首来一刀把人给刺死了，有两三个被他刺死了。那时，一个日军俘虏头部受伤，我给他包扎时，还没包扎完，他拿起匕首要刺我，幸亏我躲得快，搬起个大石头就把他给砸死了。我就反映这个事，反映到政治部，我们给他包扎，他刺我们。在这个情况下，咱们这平型关战役消灭敌人1000多人呀，一个活的俘虏都没有抓到，都死了。

这次伏击的是板垣师团的一支补给部队，这一仗是抗战以来最大的一仗，鼓舞了全国人民抗战的士气，提高了我们八路军、共产党的威信。我们大部队回来，老百姓在那么艰苦困难的条件下，还给我们杀鸡、宰鸭呀，慰劳我们，用山药蛋炖羊肉来慰劳我们，那时候那么苦呀，青黄不接，新粮没下来，旧粮吃完了，比较贫穷。这一仗打完了，李天佑，我们的团长，在大会上表扬我们十几个人。

杨勇没牺牲，在夺取老爷庙的时候他起到了很大的作用，他要不指挥，我们可能就没命了，如果敌人反冲过来了，那么他走

不了了，我们就都没命了。所以，1971年，我到招待所去看他，他看见我后，紧紧地握着我的手，拉着我坐到他跟前，说，朱位汉呀，你是我的救命恩人，没有你呀，没有小刘呀，我也就早没有了。我说，政治委员你不能这么说，那时候，你要是不走呀，你没命了，我也没命了，敌人反冲过来了，咱们都死了。我把身上的伤疤让他看了看，手上边也看了，我说这是咱们俩的纪念。他叫来李民同志，给我沏了杯茶水，放在我前面，说，喝点茶水吧。那天没说几句话，很感动呀！我说，政治委员呀，这是我们的责任。他说，话是这么说。

好多事不好讲，反冲时不就让刺刀刺死了嘛！我们伤亡600多人，咱们的武器和敌人比起来，相差很远呀，我们的枪支弹药几乎用完了。

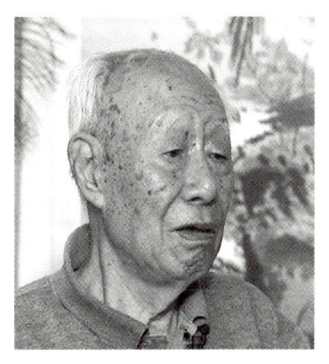

# 郭 瑾

1916年11月生,抗战期间历任山西青年抗敌决死队三纵队连长、太行军区三军分区七团参谋、一二九师司令部管理科长,离休前任外交部总领事。

## 在一二九师司令部的岁月

### 阎锡山突然翻脸,决死队损失惨重

我是山西人,是1937年下半年参加革命的。因为当时受进步思想的影响,再加上日本帝国主义的进攻,就跑出来参加革命,当时是满腔的革命热情吧!青年人嘛,在晋东南这一带参加了青年抗敌决死队。当时统一战线成功啊,搞得好,共产党和阎锡山为了抗战的需要吧,就成立了这个青年抗敌决死队。共产党在山西成立了四个纵队,我们是三纵队,就是晋东南在长治这一带,其他的在晋西南、晋西北都有。一纵队是薄一波,他们在山西的南部那一带。我参加了决死队后,一开始当排长,因为我

是个知识分子，上过中学，有点知识，所以就选上我了。1938年入党，后来当连长，一直在晋城县这一带活动，配合八路军作战。那时候在晋城、阳城那一带活动的是八路军晋豫边游击支队，司令员是唐天际，政治委员是方升普，就是这么一个部队，我们配合他们进行活动。

我们当时是决死队独立营，那时候晋东南每个县里有一个独立营，独立营和工、青、妇、牺盟会这些群众团体里边都有党的组织，都有党的领导。在1939年冬天之前，这一段在晋东南，这一带抗日形势很好，动员、发动群众啊，组织啊，抗日运动啊，搞得轰轰烈烈的，那总的形势不错，开始的时候有些友军，所谓友军就是国民党的军队，如孙殿英的第五军，叫新五军，孙殿英的部队里也有一些进步人士，所以跟他们关系比较好，后来国民党就变成了四十七军，到了晋城、沁水、阳城这一带。1939年，阎锡山这家伙又变脸了，阎锡山不在太原也不在临汾，他跑到黄河西边的秋林镇那个地方去了，他要消灭八路军甚至于这个决死队和各个救国会，就搞了这个"十二月事变"，主要是在山西省境内。目标呢，第一步就是决死队和各个救国会，就是薄一波领导的一纵队。薄一波准备得好。他一发现这个问题以后，当时一些排、连、营、团的领导干部都是阎锡山派来的，他把这些人抓起来了，咱们这些进步的同志掌了权，就是把这些反动的家伙抓起来了，部队就保持住了，稳定住了。三纵队的领导比较差，当时三纵队的政治委员是董天知，这个董天知在百团大战以后牺牲了。三纵队本身也有七旅、八旅、九旅。再有四支队，还有县的独立营，长治专区有12个县，每个县有一个独立营。阎锡山在蒋介石配合之下发动了"十二月事变"，决死队除一纵队没有什么损失外,三个纵队基本都损失了,这个伤亡大啊!最后剩下一个团,老红军带的那个团没有什么损失,其他全完了。决死队的各个团体啊!杀得不少,我当连长的时候,1942年,由国民党四十几军,还有阎锡山的部队,发动过两次政变,我们的这个独立营啊基本上就完蛋了,我那个连就驻在我们村边上的庙里边,遭受突然袭击,一下子就被包围了,后来干脆缴枪了,都缴枪了,后来我偷偷地跑了出来了。

第二次阳城、陵川等三个县的抗日团体的一小部分和决死队在那里(和国民党)斗争,结果是又被包围,第二次包围,全被抓住了。我就是半路上跑出来的,我们连长也是跑出来的。到以后呢,就把我们这个支队,用他们的番号,因为国民党的部队还不敢公然对八路军下手。

后来我到了壶关县抗大一分校学习。不久抗大一分校主要上山东去。在那个地方学习了三四个月吧!

## 到太行军区三军分区

后来我调到了太行军区,到一二九师管辖的太行军区三军分区七团当参谋,去那儿当第一作战参谋。1940年那时候决死队搞垮了,还有原来剩下的一个团合并起来,其他的八团、九团又恢复到三纵队了,归太行军区一二九师三军分区司令部指挥。我们这个三军分区主要是在山西的武乡、榆次、辽县(今左权县)、黎城、平顺这一带活动,这中间参加过百团大战。百团大战在抗日战争期间是很有名的,主要作战地区是正太路。我们太行山和晋察冀部队,主要是打阳泉、榆次。我们打的是长治到潞城,这个叫白晋铁路,现在那个铁路还有呢,现在已经修到河南

交界处了，当时是到了长治后就不通了。我们主要是破袭白晋铁路，把白晋铁路长治到潞城这一带的铁轨给它扛走，把铁路路基翻了个儿，电线割走了，电线杆拔走了。这个就是破袭，百团大战第一阶段就是搞这些东西。这是1940年的战斗。

## 精兵简政

到了1941年，我们太行军区三军分区副司令员叫刘昌义（当时为参谋长——编者注），是老红军，他领导我们。到了1941年，百团大战以后根据地很困难，连年遭受旱灾、蝗灾，老百姓生活很困难，收成很低，连军队也养不起。部队要吃，要喝，要穿呀，花钱花得很多呀，老百姓负担不起，所以到了1941年就是精兵简政，把部队这个大团变小团，原来我们七团是三个营、九个连，再加上炮兵连、机枪连、特务连，十几个连呢，精兵简政的时候呢，就把这个团变成小团了，一个团只有四个步兵连了，营取消了，没有了，都成了连了，团直接指挥连，四个步兵连，那时候三军分区只有两个团，八团编完了，没有了，取消了，就是七团、九团两个团。一个团四个连，两个团八个连，是不是呀，那个跟以前相比呢，以前一个团12个连呢，这是多少人呀，现在一个团四个连，两个团才八个连。

## 一次漂亮的伏击战

到了1941年，刘昌义同志就是指挥我们——在这个武乡到榆次，这个中间有一条日军修的公路，武乡县城里头，有日本人驻扎；榆次县城里头，原来没有驻扎，后来驻了日本人，他们来回交通呀，修了一个公路，是土路，没有洋灰，那时候，他也搞不到洋灰，就是土路，每天来回运兵呀，运弹药呀，运补给品呀，来回走。我们就是瞅着这个机会了，刘昌义同志指挥我们这两个团（七团、九团），一共加起来八个连，就在这条公路设下埋伏。日本人呢，就是在最低的地方，修了一条公路，这边就是漳河，一条河，通到榆次县。结果打埋伏，日本人根本就不知道，就中了我们的埋伏了。日军15辆卡车，载着一个连100多人，150多个日本兵呀，还有武器、弹药在他的汽车里头，进了我们的埋伏圈。我们一声号令，打头截尾，跑不回去了，再往前走，走不了了，就是中间呀，机关枪、迫击炮，一起往下打，把日本鬼子一个中队呀全部消灭了。这是很典型的、很好的一次战斗，很漂亮。其中只有三个日本兵跑了，过河了，往那边跑了，追，追到了河边上，他（们）钻到了一个土窑洞里头，后来挖出来，给抓了，俘虏了。一个人也没有跑掉，所有的武器弹药都缴获了，那是打得很漂亮很漂亮的一次战斗。这对于太行军区来说，整个抗战期间呀，我看是最漂亮、最好的一次战斗，很值得表扬。

## 伪军和维持会实际上向着我们

打完了这次战斗，我的工作调动了。1941年初，我就调到一二九师司令部参谋训练队学习，受训呗。一二九师办了个参训队，第一期已经结束了，我们是第二期，就住在涉县南庄，南庄就是在现在的涉县县城，隔一条河面，有很大的一个村庄，叫南庄，就在那里学习。各个部队调了些参谋人员，一共办了四期，我们是第二期。抗战胜利了，就不办了，培养了好多的参谋人员。在这中间有两件事。

我们除了训练课程之外，快毕业时，1942年底，刘、邓首长指示我们到敌占区实习，当时我们100多人，每个人都有步枪、机关枪，整训队一共有30多挺机关枪，这个武器相当不错的，把我们这个队就派到河北省磁县敌占区里边实习，主要让我们体验体验敌占区的生活。怎么体验呢？全体夜动，日本的碉堡我们不敢走，通过伪军的碉堡，当时，因为我们在敌占区的敌伪工作有成绩，当地的地方干部对敌占区的工作啊，伪军基本上向着我们的，表面上是受日本人指挥，实际上是向着我们的。我举一个事情。有一天中午，我们参训队在一个村里边一个老百姓家里驻起来，我们穿着军装，中午吃饭是村干部给我们送。当时那个敌占区的干部啊，表面上是维持会，实际上是共产党的抗日政权，就是两面政权，表面是日本人的，就是日本人来来往往他们也招待，实际上呢，是共产党、八路军的力量。第二天中午，正在吃饭，十几个人一起说话，突然一个伪军司令来了，因为我们也没有放哨，人家进来一看不对，一看就知道八路军在这儿呢。他起来就走了，走到了村公所，他的队长带了几十个人，也刚到，正准备在这儿吃中午饭，吃完饭再走。他这个司令是怎么进来的呢？因为这个老百姓的院里有一棵枣树，结了枣，他经常来，他知道这里有一棵枣树，想摘枣吃，一个人跑进来说不对，他就走了。他也不敢动，到了村公所，问村长是什么人，村长说是马区长的人，当地的区长姓马，一说马区长谁都不敢惹。就是这样，后来伪军说既然是马区长的人，咱们走，就走了。每天晚上我们出去，从这个村到那个村，做工作啊路过碉堡，不走碉堡过不去，就是那个壕沟啊，那都是通知好了，到了伪军守的碉堡，都叫我们慢慢走。河北省那边都是那样的，这个伪军的工作做得这么好、这么细，可见日本人在那里根本没有征服我们中国人的心，表面上不敢惹他，实际上都是帮助我们八路军的。

## 反"扫荡"

第二件事，是参加反"扫荡"，就是（日军）"扫荡"我们太行山与北部辽县和赞皇县那一带，那次左权牺牲了。左权牺牲的时候，他们到北部了。我们没有到北部时，敌人就"扫荡"了，我们参训队在太行南边，就在漳河以南平顺县一带。开始在北边"扫荡"，我们那边还是平平安安的，后来根据上级的指示要我们参训队穿过山沟里边，到平顺县集合去，完了以后回去，也就是现在的红旗渠那一带。结果我们参训队刚经过那儿，后边来了一支部队，都是中国人，在我们班后边的一个高地。他们这个队长带着主要的部队在下边的村庄，把我们这个班留下来，查清楚后边来的部队是什么部队，就把我们派到刚过去的地方，当时没有跟我们摩擦。还好，他们过去了，他们刚过去，前面开枪了，打开了，是日本人从壶关那一带山上下来了，走到山沟下面来了，要"扫荡"豫北这一带，结果和敌人遭遇了，有好多都是打过仗的呀！这次有个女同志牺牲了……有两个被俘虏了，带着一起走。到了晚上他们两个跑了，后来又跑回来了。

## 一二九师司令部的"三人三只眼"

到了1942年底，我们毕业了。李达参谋长到了参训队选干部，把我选上了，到一二九师司令部当管理科长。

在1943年春天，我到一二九师司令部工作。一二九师，那是在国民革命军中编的八路军的一一五师、一二〇师、一二九

师，咱们一共编了三个师吧。一二九师到了抗日战争胜利前夕，那是刘、邓领导的晋冀鲁豫军区，那是几个大的军区之一，下面是几个小军区，太行一个军区，冀鲁豫一个军区，太岳一个军区，冀南一个军区。冀南就是河北省平原地带，冀鲁豫就是河北、山东、河南那一片，那是一个军区。太岳是薄一波参加领导的，一直到同蒲路，那是一个军区。太行是涉县、武乡、黎城这一带平汉路以西，这是一个军区。当时我们驻涉县的赤岸，政治部在王堡，边区政府在温村，漳河的北边。温村这个村日本人一直没有占领过，"扫荡"去过，但是没有占领过，刘、邓首长在赤岸这个地方，当时桐峪就是现在的左权县，从麻田到桐峪就是在这一块儿，有一个八路军总部，朱德总司令、彭德怀副总司令，那是按照国民党的编制，也就是十八集团军司令部。实际上，整个华北的两个大军区，一个就是晋察冀，一个是晋冀鲁豫，就是山西、河北那一片吧，两个地区，他们就是管那一片，就是在察哈尔，就在那边，另外就是那四个军区。麻田那边的总部呢，实际上不太管了。

我们司令部还有个笑话，有三个人，每人只有一只眼睛。刘师长是一个，一只眼睛。刘师长从红军带过来一个马夫，当时在我们司令部，是饲养排长，管整个司令部的牲口饲养工作，一只眼睛。还有我们伙房的一个也是一只眼睛，这两个人都是刘师长从红军时候带过来的，所以他们是三个人三只眼睛，在我们司令部里边，这是一个笑话。

## 灭蝗灾

刘、邓首长在赤岸那个地方，他们指挥全局啊，那是很辛苦的，每年日本人大"扫荡"一次到两次，但是这个日本人"扫荡"啊，基本上没有到过我们涉县赤岸这一带。左权牺牲那次是一次最大的"扫荡"。后来在这一带又"扫荡"过一次。基本上在涉县这一带呀，生活是安定的，工作是艰苦的。这个生活是困难、艰苦的，非常非常艰苦，像刘、邓、李首长，当时还有我们这个太行军区政治委员李雪峰，是太行区党委书记兼太行军区政治委员，一二九师又兼太行军区，两个机构是同一个机构，是这样的情况。刘、邓首长驻在那个赤岸的那个村呀，每年除去应付两到三次日本人的大"扫荡"，那么在赤岸居住还是比较安定、比较稳定的，但是生活很艰苦。老百姓的房子很破，那年我们回去看，那个破房子、老房子还在，还是原来的那个样子。涉县现在穷呀，比河北省其他的县差多了，差远了，很艰苦，很穷。

也没搞什么大生产，这个就是每个单位有个生产队，像我们司令部呀就是有一个生产队，在黎城、南温泉，再往西，快到武乡那个山里叫小王铺，在那个地方有个生产队，就在山坡地上，解决一些生活问题。后来实在是困难得很。涉县那个地方有一次呀遭蝗虫，就是1943年遭蝗虫，大的蝗虫灾害，基本上把老百姓的粮食吃光了，老百姓没有收成，饿肚子。怎么办呢？八路军不能说还照样吃那么多的粮食。哪儿来呀？老百姓供不起呀，所以说刘、邓首长就作出了决定叫精兵简政呢，刚才我说的那个我们的七团呀，由九个连减成了四个连，七团、九团都是这样，这就是精兵简政的内容。这是简政呢，政府机构也是把这个人呀，多余的，裁减下来，要他回家，大部分都是当地人，说你可以回家当老百姓，等到什么时候状况好转了什么时候再回来，还承认你的军龄，承认你的工龄，说你愿意回家就回老家了。这

个老百姓生活很困难呀。刘、邓首长为了关心群众、关心人民生活，采取了精兵简政的措施，这是很英明的一个措施。

铺天盖地的蝗虫把老百姓的庄稼都吃光了，部队帮老百姓灭蝗虫。我当时在涉县这一带呀，平顺这一带呀，你说，那蝗虫呀，不知道怎么搞的，一下子蝗灾闹得那么厉害，那蝗虫一群一群地往前走呀，把一块一块的庄稼给吃光了。老百姓遍地打都打不过来，在地里头挖一人深这么宽的沟，挖的壕沟，挖了以后，从这边呀赶，它跳不过去，就跳到沟里去了，再用土把它埋起来，埋死了。

### 解决吃饭问题的一个"奥妙"

蝗虫厉害，把老百姓粮食吃得厉害，当时刘、邓首长考虑老百姓遭这么大的蝗灾、旱灾，粮食也收不起来，我们八路军也没有田，哪有来源呀？基本上没有来源，你也不能做生意呀，你也不能开工厂呀，就是穷山沟呀，是不是呀？也没有人支援你。谁支援你呀？生产自救。他还顾不上他自己呢，他怎么支援你这个解放区呢？所以就是采取了精兵简政。此外，原来在解放区呀，不管你是政府机构还是军队，每人每天发多少粮食呢？一斤六两小米。那时候，只生产小米呀，没有别的呀，买白面没有呀。那时候，我们司令部到过年吃一顿白面馍馍就是不错了，平常根本吃不到白面。你买，买不起，你没有钱。老百姓不种麦子，不生产，那怎么办呢？只有吃小米，虽然说各个单位自己也在村边呀山坡上，自己种些庄稼，种点粮食，但解决不了大问题，像我们司令部200多人，干部、勤务人员加起来200多个人，所以，200多个人的口粮是个大问题呀，这个很困难。

当时刘、邓首长经过再三考虑，那真是没有办法的办法呀，再不减，老百姓要饿死多少啊！采取减少口粮，从一斤六两不能一下子减下来，那要是饿死怎么办呢？从一斤六两减到一斤四两，从一斤四两减到一斤二两，最后减到了一斤，过了这么三五个月，一点一点地减到了一斤，就不再往下减了。那个时候一斤等于我们现在的八两，一人一天八两的小米，怎么够吃啊？很成问题，几乎所有的单位，包括政治部，包括部队，包括地方机构，他们都采取了什么办法呢？当时呢，我们这个伙食来源，就是公家给发的小米，白面根本没有，吃不上，所以呀，把这个小米堆在地上，该给多少，给你过秤，拿出来，放在大锅里面熬粥，熬多少算多少，完了以后，大家分，够不够、饱不饱就不管了。所有的单位都是采取这种办法，就是大锅煮了以后，按人分，分了以后就不管了，饱不饱，管不了那么多了。所以那时候，饿肚子呀，不得了，可是有一条，司令部我是管理科长，还有指导员，下面还有管理排长，就是司务长，从来没有分饭吃。就是说，我们做的小米稀饭，做的小米干饭，是战士吃了，你吃了，吃了一半我给他盛饭呀，你饱了没有，没有饱再给你做，保证能吃饱，所以司令部就是很满意，说，这个管理科这几个家伙，有办法，有本事。

这里头呀，有一个奥妙，我们也并没有多吃一点粮食，我们就是掌握着人民的思想情绪，你越是不够，越是缺少，那个战士越饿，越要多吃，吃起来没有完了。我们就说，做的小米饭，不够吃了，确实是没有了。还没有吃饱，怎么办？你吃几碗，你报，你是吃一碗，你是吃两碗，报了以后，重做，重做了以后再吃，下次不够了，还是这么吃，哎呀，这样他的情绪就稳

定了，就安定了，咱们因为这个管理科保证大家吃饱呀，我还犯什么错？我没有错呀。所以呢，开始吃饱就行了，那就不慌张了，该吃多少吃多少，所以这样子总的来说，今天我下的米不够吃了，我再多下点米，我不就是超过这个数量了吗？过了两天情绪稳定好了，大家不多吃了，我偷偷地把多下的米减下来就是了，我不放这么多米了，我少下几十斤米。少下点米呢，还够吃，就是掌握这个情绪。当时所有的单位，包括政治部，没有一个不分饭吃的，就是做好了以后，一个人一大瓢，够不够，不管你了，就是那样的。这个事情呢，我有什么秘密呀，我跟刘、邓首长，和李参谋长他们都讲清楚了，讲了我的这个高招儿，他们很理解，很支持。过了几天，政治部有意见了，黄镇同志不是政治部主任嘛，他有意见了。他说，你们司令部怎么搞的，为什么人家所有的单位都供饭吃，你们为什么不供饭吃，你们肯定有鬼。有一次，黄镇就把我和我们的指导员还有我们的供给处长呀，供给处长他是供应粮食的呀，是我们司令部一个伙食单位的，把我们三个叫到政治部去了。他就问，说咱们太行区，所有的单位都分饭吃，只有你们司令部不分，你们怎么回事？一定有鬼。你供给部是不是多给司令部粮食了？供给处长说，我没有，你要是不信，你可以查我的账，我没有多发粮食给司令部。后来我们就把我们的这个办法，掌握这个群众情绪这个问题呀，给黄镇做了汇报。我说，你不相信，你把你们管理科的科长派到我们司令部的管理科，叫他住一个礼拜，每天、每顿，我下多少米，多少人，通过他，叫他检查，看看我们究竟怎么样。而且，我们这个办法，只有少数人知道，我们指导员知道，管理排长知道，上司知道，那炊事班长都不知道。下多少米呀？他都不知道，不给他说，怕他走漏了消息，大家拥护得不得了。他说，好吧，那我派人跟你去。他就派了一个管理科长，住到了我们司令部管理科，每顿下米多少，他一起看着。他住了一个礼拜，他也服了，确实是应该掌握这个情绪，没有多浪费粮食，战士们也吃饱了。这一下子，他们相信了，这给我这个管理科长记了一功呀，说我立了功了。这个刘、邓首长也知道了，政治部也知道了，所有的机构都知道了，都知道这个司令部呀，司令部往往客人很多呀，客人也跟我们一样吃。说这么一件事情，当时这个东西呢，不管怎么样，它不是长法，总是有困难。有一次呀，邓政委把我找去了，他说，郭瑾同志呀，你想想呀，咱们司令部这个伙食呀，想什么办法改善一下。他说，我也知道，你们排里的人呀，也种了一点粮食，但是不解决大问题，你说咱们应该怎么想想办法呀？我说，首长，我倒是有一个主意，但是我办不到，我没有钱，要是有钱的话呀，咱们在山里边呀买一部分羊。老百姓不是有羊嘛，弄点羊，买几百只羊我赶回来，每天杀一只羊，和小米一起煮，你说怎么样呀，又提高了营养，又吃饱了。他说这个办法好呀。我说我没有钱。他说，我给你拨钱，特批。他给我批的条子。我就带着几个战士去买羊。我一家伙转了一圈，十来天后我买了500只羊回来。白天我就派人到山上去放，羊不吃粮食，吃草呀。晚上呀，给老百姓耕地，老百姓也很愿意的。每天宰一只，从此我们司令部的伙食大大改善，大家很满意。

种菜，在赤岸附近种菜。地方干部呀给我们划了一片，当时那个地都是私人的，没有公家的呀。这个划了一小片地吧，有二三亩那么大，我们司令部自己种菜。这个刘师长嘛年纪大了，他眼睛也看不见，不参加。邓小平经常去，有时候带他的孩子

呀，跟着警卫员呀，去锄锄草呀，浇浇水呀，就是有这个事。

## 赤岸村亮了电灯

邓小平同志有一次问我，你能不能想办法找些人给赤岸村安电灯，发电照明？我说，你这个想法倒是挺好，可我们没有搞过这个东西，我不懂啊！他说，你不会找几个懂行的了解了解啊，咱们八路军多得很，你找几个人设计设计，筹划筹划。利用漳河水发电，把这个电灯照亮起来。我说你这个办法好，所以我就找了几个技术人员商量了一下。他们说可以，试试吧！劳动力我有啊，我们司令部的干部也可以劳动，司令部的警卫员，他们除了给首长放哨，别的没有什么事情，那些战士都闲着呢！把他们集合起来干活呗，他们也愿意。所以把警卫员集合起来，把那个漳河水拦了一部分，从那个河里边做了一个坝，让那个漳河的水流到我们村里边。坝这边的水高，流下去的低，有那么一个落差，安个小型发电机。

安个小型发电机发电啊，刘、邓首长住的房子都有了电灯，我们这几个科的办公室都有了电灯，电灯亮了，他们高兴得很，称赞说，你还真有办法，真有电了！

## 接待美国飞行员

还有一件事情。我们接待过美国人。美国飞行员，听说过吧？当时在抗战后期，美国轰炸机呀从四川起飞，到东北营口一带轰炸日本人。有一次，有一架轰炸机，上边十几个人呀，轰炸期间被日本人的炮火呀打了，当时没有打落下来，一直往回飞，飞到半路上飞不了了。他向他的基地请示，说怎么办，飞机飞不走了。基地指示说你们跳伞，让他们跳伞，飞机就不管了。往哪里跳呀？他不敢跳到平原，跳到平原日本人马上就抓到他们了，往太行山上跳，越高的山越跳，越高的山越有八路军，八路军不害你，会救你。美国人飞到了太行山一带呀，最高的山，跳伞了，飞机摔了，这十来个人呀，有挂在树上的，有跳到山沟沟里头的，被当地老百姓发现了，一方面打电话报告我们司令部，说有几个美国人跳伞了。司令部指示我们，他们到了以后，你们好好地招待他们，叫他们骑上牲口，把他们送到赤岸司令部来。这些美国人没吃过柿子，老百姓种柿子树呀，那柿子熟了以后，不是压成柿饼晒干，把它当饭吃吗，这么着，美国人来了，一吃柿饼就喜欢上了，他们就是吃起来了没完。这个不能多吃呀，吃多了拉肚子呀，他们吃得多了，每个人都拉肚子，后来我们就告诉他们不能多吃，把他们送到我们司令部去了。后来我回去，接见美国人住过的地方还在，就在马池岸边上，村东边，老百姓挖的那个池，那年我去还在呢！那就是我们接待美国人的地方。当年我们在部队里边找了会做西餐的，来给他们做西餐吃，招待他们。完了以后，怎么送走成为大问题了。送到延安去，你要是骑毛驴、骑马，那要是路上碰到日本人，又给抓走了。飞机来接，我们这里没有机场，后来刘、邓首长下了个命令，叫我们在黎城县东阳关，把东阳关那边稍微好点的地方的土给平了，用夯夯实。以后，美国人从延安派飞机来接他们，把他们接走了。派飞机来的时候，不但接走了，而且我们的刘、邓首长，还有其他的一些首长，坐他们飞机回来了。因为他们要是从延安骑马回到太行，回到这儿呀，要走几个月呢！多危险呀，多困难呀，所以坐他们的飞机回来了，替我们也解决了问题了。

还有一次呢，我们太行二军分区有一个侦察参谋，叫赵恒德。他一直在这个正太路一带活动。有一次在火车上，把日本天皇的一个叔叔给抓回来了。抓回来的时候，对日本人很大很大的震动啊！日本人驻在太原的司令官听说后，那不得了呀！把天皇的叔叔抓回来了，你怎么回去呀！得砍他的头呀，那个司令官呀，给我们送来了消息，说要什么给什么，要武器弹药我给你们武器弹药，你只要把天皇的叔叔给送回来。后来我们没有放，把这个人给送到延安了。延安后来怎么处理的，我就不太清楚了。

## 修建漳南大渠

涉县那个漳河以南的那条线呀，老百姓呀眼看着漳河水白流，没法利用。老百姓没有力量，修不起来那个渠，他修不起来，所以说邓小平就发动部队和边区政府。边区政府主席就是杨秀峰吧，发动老百姓呀，用军民合作的方法，修的这条红旗渠，现在不叫红旗渠，现在叫漳南大渠。这个渠就是从漳河那边，温村上去，提高了以后呀，从赤岸过去，一直流到下边去。我们住到赤岸村，那里就有这个渠。渠修好了以后呀，对老百姓提高收成呀起了很大的作用。现在这个渠呀，还有。那是1944年，那个渠刚修成还没有放水呢，这个两山之间呀不是有一条沟吗，这个水不能下去了以后再上来呀，平地往上流的时候，修的那个渡槽，用板子铺起来了，然后水从这个板子上流过去。那是1944年，司令部那时候刘、邓已经走了，李达还在呢，李达那时候是太行军区的司令员，那时候就不叫一二九师了，叫太行军区了。一二九师这个番号呀，仍然保留。1945年8月叫大军区，叫晋冀鲁豫大军区，就是要跑到武安那边去了。

## 整风有点过火

那时候呀，我们司令部呀正在集中整风，就是审查干部，那时候不少干部可是遭了大殃了。从延安传来的，当时说八路军的干部呀，读了书的，就是从抗战区过来参加八路军的，所以呀，几个土生土长的没有文化，当不了领导，当领导的人都是有文化的呀，有文化的过去在敌占区上学，参加八路军以后又提高了，当了领导了。这些人可是倒霉了，挨整，审查，逼着非叫人家坦白交代，说是国民党派来的。那时候，毁了不少干部，可是后来呢，党政领导又觉悟了。1944年，我调离太行军区司令部，派我到八军分区工作，就是焦作这一带，在我走之前呀，我们两个干部，当时受审查的100多个干部，每个人交了一份档案，写一份保证，基本上都给平反了。当时搞得很厉害的。

那时候，整风的时候呀，有一次，说个笑话，就是觉得那个渠呀，那时候还没有流水呢，这个木头修了槽，这个中间架的一个木板，迈一步是一个木板，迈一步是一个木板，我们吃了饭，因为没有事呀，就是在那儿散步呀，就是从那个渠上走过去。一些女同志不敢走上边，就是从下边绕过去，我们男同志敢走，一步一步的。我那时候年轻呀，20多岁呀，调皮，我不好好走，我一个脚就是往前跳，跳那个木头板，好长呀，有十几米呀，跳呀跳，跳到最后一个，不好，一家伙摔下去了，把鼻子摔破了，就是开始流血，流得很厉害的，我赶快找了医生给我上药，就是这么一个笑话。

## 邓才文

1917年生于四川仪陇，参加过红军长征，抗战期间历任八路军一二九师三八六旅班长、排长、机枪教员、骑兵团司令部参谋、副营长，离休前任济宁军分区司令员、山东省军区顾问。

# 太行山上几次激烈的战斗

### 大雨中的誓师大会

我们是红军，改编成国民革命军，我们当然不愿意了。我们是为共产主义奋斗的呀，是推翻三座大山的呀，让我们换成国民党穿的这一套衣服，我们都不愿意，心里很不愉快，有的痛哭流涕。可是要执行毛主席的这个指示，部队就是要换，要求很严格，共产党员不执行中央的指示，得开除党籍。有中央的决定，我们不知道，就是坚持不换。后来中央首长都在那个地方开誓师大会。那天下了大雨，地上的水一尺多深，我们都站在水里面，听首长讲话，叫换衣服，换帽子，把红军的小帽换成国民党的帽子，思想通的换，不通的也换。换了以后进行检阅，那个时候不是分排，是九个中队通过主席台。检阅了以后，名字改成了一二九师，我们过去叫九十一师三十九团，把我们三十九团改成一个营了。

### 我搬了 2000 发子弹，扛了一挺机枪

主席台上有朱总司令、刘伯承、陈赓，好多呀，我都忘了，时间太长了。

誓师大会完了以后，就分配上前线了。上前线离黄河还有两天的路吧，到黄河坐船的时候，还有两天。那个时候，国民党不让我们党中央在陕北，我们在那儿休息，不过黄河，我们就在那儿等着。后来我们过黄河，到了山西。过了黄河以后到了侯马，侯马有火车，我们过去没有见过火车。有的同志呀，上了火车就走了；有的同志呀，还是徒步走，然后再坐火车到大同，到了大同又返回来，又从正太路向北。在侯马发衣服的发衣服，发子弹的发子弹，发炮的发炮。在洪洞县，装备起来了。过去吃了没有子弹的苦呀，到了那个地方就是尽量地背呀，你有多大力量你就背多少。我搬了 2000 发子弹，扛了一挺机枪，还背了一支冲锋枪。

### 银庄刘伯承遇险

到了正太路，坐火车到了阳泉，下车以后继续北上，往东走，走到银庄，把东西都卸下来。银庄是师部所在的地方，子弹呀，枪炮呀，拉不动的呀，都放在这个地方了。我们到了七亘村，走了一天，走到那个地方叫作什么关来呢，敌人呀，晚上袭

击,这一袭击把我们袭击跑了,而且损失还不小,也丢了一些东西,也伤了一些人,又退下来。到了天明,我们部队又组织抵抗敌人,师部叫敌人给袭击了,刘伯承那次很危险。敌人走旧关,从那个地方下来,到了师部。敌人赶到了师部,我们还在前边打仗,敌人把刘伯承带的一个敌工团给打跑了,刘伯承没有办法就骑了一个骡子,又上了东山,就是我们打仗的那个后边的山上去了,我们撤到了那个地方。那天敌人好嚣张呀,很厉害呀。敌人到了我们后方70里路的那个地方,没有办法,我们就撤了,撤到东山头去了,那个时候我们也没有吃的呀,就是吃南瓜,我们在山上住。

## 七亘村、霍村、阳明堡战斗

第一次打日本人,在七亘村。也没有觉得怎么样,就是炮弹多,下雨一样,我们就赶快退出来了。我们的排长把腿给炸断了,钻到炕洞里了,后来敌人搜索,他在炕洞里待了两天。我们这个部队呀把七亘村又拿下来了,把排长送回来了。

打完七亘村以后呀,我们到了霍村。我们在西冶头驻着,到西冶头驻下的时候呀,敌人一个旅团,经过霍村。我们团在那里阻击敌人,七七二团在东山,我们在西冶头阻击。打了一整天,敌人才退了,敌人死得不少,我们也伤亡得不少。敌人的炮厉害呀,炮弹一个劲地往下落呀,伤亡得不少,我们还是守住了,他们没有上来。那天,我扛了一挺机枪呀,就是把住那个小山头,那个山很陡,南面上不来,山头上有机关枪把着,打死了很多日本鬼子。天黑了,就叫撤。不跟敌人死拼,跟敌人死拼我们吃亏。我们撤了,敌人也撤了,敌人退了,我们也退了。七七二团从东山过来了就打，打了以后，就撤到那个叫什么村，我忘了。到了那里休整了几天。又在那个什么包呀，打了一仗，也是阻击战。我们和三八六旅在一个山头上，敌人向我们进攻，掩护他们大部队经过太原。到了下午太阳靠西的时候，我们反攻。我们全团向下冲，那天我们得了一挺机枪，日本的歪把子，也伤亡了好几十人。得了一挺歪把子，是拼刺刀拼来的呀，得了好多步枪，日本鬼子很坚决，都是抓着枪不放。没有子弹了我们就用刺刀冲，我们三个人才能打过一个日本鬼子，那时我们的武器不行，武器差劲呀。把那个日本鬼子戳死了以后，把枪夺过来。日本鬼子的那个炮呀，打到空中去了，都是打的子母弹，在空中一个花一个花的，到了地上一个劲地"下雨"呀，我们好多战士呀，把头打了，把背打了，身上打了，把下巴给打掉了，耳朵打掉了的，好多。打到晚上七八点钟吧，我们撤退了，上级命令撤退，就是从那个地方，那叫作阳明堡。

神头岭是我们七七二团打的，我没有参加。我们到了蟠龙，我们去支援的时候，战斗结束了，消灭了敌人一个大队，神头岭战斗我没有参加。

## 响堂铺伏击战

响堂铺战斗我们参加了，我们也不知道响堂铺在哪里，就是知道打仗。走到半路上，我们的旅长陈赓看到了歪把枪，他说这个歪把枪得发挥作用，好好地打击敌人呀。晚上离响堂铺还有二三十里路的时候，驻下了。准备第二天伏击敌人，晚上12点吃了饭以后，天明以前进入阵地，布置好。我们驻的是西北山，离响堂铺还有五里路。我们在响堂铺西面的那个沟里面，卧在冰

地里，等着敌人来。太阳出来了，敌人没有来，撤退吧，刚说撤退，上面发出信号弹，敌人来了。接着就冲下去了，我们七七一团在西边，七六九团在东边，在东阳关的东头，七七二团在马家拐附近，两头掐住。我们七七一团在中间冲出去的，去烧汽车，冲下去了以后，打乱了套了，敌人和我们，在一块儿混战呀。我们战斗了一个小时，连里伤亡了二三十人，得了一支歪把子枪，几十支三八式，打死了日本鬼子好几十。

我们在烧汽车的时候，上级指示，要赶快占领山头，把东南的那个山头占了，我们比敌人早一步。我们那个连、十一连去占山头。我们连长带着18个人，到了山头上，敌人从四面向上攻，我们用手榴弹打，把敌人打跑了，伤的伤，死的死，敌人很多，又退了往东跑了。那天我打死了20多个日本鬼子。有个战士，他背来的枪呀不好用，我背的那个枪呀，是带盖的，打七九子弹的那个枪，我把他的子弹也拿来打了，我打了200多发子弹，打死20多个日本鬼子，我的枪打坏了，后来七八个鬼子都往东山上跑了，我们也没有几个人了，剩下十来个人，也撤退了。

烧汽车的那一段才有意思呢！我们不会烧汽车，也没有东西能烧着汽车，怎么办呀？用刺刀戳汽车轱辘，把汽车轱辘给它戳爆了，把水箱给它戳烂，用手榴弹把车头炸烂，用枪打它的油箱，一打它就爆炸了。那次的教训就是不会烧汽车，有的汽车烧着了以后还跑了好远呢。我们打的那个地方有好几十辆汽车，汽车的油烟呀到处飘着，看不见颜色。敌人还有一架侦察机来了，在空中打转。我们在山头把敌人打跑了，就撤下来了。那天我们的排长也打死了，我们把他埋了埋，就撤退了。后来打扫战场时才把他弄下去，埋了。

我们顶着敌人的一个中队，硬给拼死了。开始迫击炮，一个劲地打炮弹。我们和九连在那个地方牺牲了好几十个，敌人打掷弹筒呀，打机关枪呀，也是很厉害的，打了两个多小时，上级命令就来了，要赶快撤退。我走到一个地方，看到有一个迫击炮，我就把着迫击炮打了一段，一会儿来了两个战士把迫击炮给扛走了，我们撤出战斗了。不到 11 点钟，太阳已经快正南了，敌人一个劲地来飞机，我们就赶快撤了。敌人来了 21 架轰炸机，像阅兵似的，三架一排，这么转着轰炸，那个炮弹呀不知道有多少。要不是紧急地撤了，都得让飞机给炸死了。那一次，敌人的轰炸就是在那里，21 架轰炸机嘛，什么指挥机呀，侦察机呀，二三十架呢。

## 从晋东南到冀南，战斗不断

我们打了响堂铺以后，到了武安。在武安西边，我们七七一团去伏击四辆汽车，后来命令来了，要赶快撤部队。敌人进攻八路军总部呀，八路军总部在王家峪，我们从武安用了两天两夜把部队撤到榆社，好几百里路呀，我们白天晚上地走呀，一天走 200 里路。我们到了榆社的东南面，然后奔向八路军总部。杀猪呀，蒸馒头呀，赶快吃饭。敌人离着总部有 20 里路，敌人有一个师团进攻总部，想消灭八路军总部。我们吃了饭以后，晚上休息了一会儿，继续行军，走完了。敌人在武乡准备向我们进攻，我们早就布置好了，把敌人包围起来了。三个团，七七一团、七七二团、七六九团，都上阵地了。把敌人圈在马城的胡三庙，三个团除了一些预备队以外，都冲上去了，和敌人拼刺刀，拼手榴弹，整整打了一天。早上 10 点多钟就开始打，一直打到晚上

8点来钟，也解决不了战斗，因为敌人是一个师团呀，我们三个团打不过他呀。晚上敌人跑到清真坞，我们就退到榆社去了。我们那次三个团伤了上千人，敌人也死了好几千人，敌人跑了，我们也退了。国民党的四十三军，原来说和我们联合起来打，结果我们一打，他跑了，把部队拉着往南跑了。他们走了，我们解决不了战斗，敌人一个师团，我们三个团打，也打不过他。

打了马城以后，我们进行了整顿，然后就分散了。我们七七一团到了冀南，陈再道在那里。我们开始不习惯，冀南是平地，没有山地。开始那20多个县没有敌人，后来冀南就变化了，到处都是敌人，到处都是据点。我们挖沟，把大路都挖成沟，好运动呀，把平原变成山地嘛。敌人修路，公路两边挖成沟，公路上边，每一个电线杆上点一个灯。老百姓点灯，一个上边一个，在远处看，就是像火炉一样。我们活动也困难了，伤病号大部分放在据点附近，利用关系把他掩护起来养病。

## 参加营救刘志坚

在冀南，我们打了一个伏击战，这个战斗是我们七七一团打的，也是我们那个营打的，我们连打的头。那个时候我们有苏联的转盘枪，有十来挺转盘枪架在这个路口上。敌人就出来了四个中队，还有一辆汽车，离着还有十来米，我们一齐开火，转盘枪能一下子打50发，打得敌人死伤的满地都是。那次得了两个掷弹筒，得了一挺歪把子，毒气弹、子弹、枪炮得了好多。那个时候掷弹筒得了还不会使用，结果把我腿给震得不行。实际上是从底下拔，拔那个掷弹筒，装上一个拉一个。

我们在冀南没有参加八月战斗。我们冀南军区政治部主任刘志坚被捕了关在大营。后来从大营坐火车往石家庄带，七五九团一个营在路上打了一个伏击。不准开枪，只能用刺刀，把押送的敌人一个中队的人给拼死了，把我们的主任刘志坚救出来，当时牺牲了好多人，我没有参加。七七一团团长原来是徐绍华，后来的老团长也姓徐。

## 消灭石友三部队

消灭石友三的战斗，七七一团参加了，我们在外面活动。他把周围的村子都修成围子了，他的部队在围子里面。日本人不打他，日本人就光打八路军。为什么要打他呢？他的目的就是要消灭八路军。蒋介石派他来是反对八路军的。他占一个村，我们占一村；他占哪个村，我们去一个班占哪个村，他也没有办法。以后摩擦得很厉害了，互相抓人了，他把我们的战士抓去活埋了，所以打他。打他的时候，去了冀中一军分区的一个中队，还有冀南组织了一个纵队、鲁西组织了一个纵队打石友三。我们还没有打他，他就跑了，跑到乡政府。我们对抗着，他防备我们，我们也逮不着他。晚上总攻击，跑到大煤库，后来他又过了运河，我们没有追上他。在花弯消灭了他的二十一团，那个团组织掩护他回去的，我们把他的二十一团2000多人全部消灭了。以后，就没有什么大的战斗了，他的部队基本上就散了。

## 到北京观礼，陈赓还认得我

我没有受过什么大的表扬，小的表扬多了。第一次打日本鬼子，得了歪把枪，我们旅长陈赓珍惜这个枪，那时候叫我扛着这个枪到他那里去，他每天都到那里去看看，看了以后，我就扛着

枪回来了。他说，好，好，我们要多得一些才好呢，我们部队要都是装备上这样的枪多好呀。

1956年国庆节，叫我到北京去观礼，中央首长接见我们观礼代表团，陈赓握着我的手不放，说我认识你。好多同志都说，你到首长家里去一趟不行吗？我说我不去，我不好意思去，领导那么忙，我去就是打扰人家了。他们说你要是到他家去，他保证给你优厚的待遇。我说算了吧，我不去给首长找麻烦。

## 高厚良

　　1915年生于河南新县,参加过红军长征,抗战期间历任八路军一二九师三八六旅补充团参谋长、冀南军区三军分区司令员。新中国成立后曾任解放军空军政治委员,1955年被授予少将军衔。2006年去世。

# 冀南根据地的创建和斗争

### 一二九师到冀南打得漂亮的第一仗就是香城固战斗

　　红军主力改编为八路军,一二九师是以红四方面军为基础的,建立了两个旅,三八五旅、三八六旅。三八五旅的旅部带七七○团,保卫毛主席,留在了陕甘宁。三八五旅七六九团,陈锡联是团长,还有三八六旅陈赓带的七七一团、七七二团跟着师部一块儿到了晋东南。七六九团到了山西以后,不是打了一仗嘛,把敌人的24架飞机都给消灭了,以后就在晋东南建立抗日根据地。1938年,敌人九路围攻,先是打神头岭伏击战,后是响堂铺伏击战,敌人九路围攻来了以后,粉碎九路围攻,在长乐

村打了一仗，七七二团的团长叶成焕同志牺牲了。

1938年，徐向前同志带两个团过铁路到新家湾，到南宫，这是1938年5月的时候。6月，谢富治带一个团从阳泉这一带到冀南，王新亭带着七七一团团部。12月，师长也来了，陈赓同志也来了。一二九师的部队到了冀南以后组织了六个集团，陈赓是一个集团，他们这一次香城固伏击战打得很漂亮，是三个团（打的），陈赓、王新亭指挥的，一个六八八团，一个新一团，一个是补充团，我那时候在补充团当参谋长。

香城固战斗是1939年2月10日打的，在这天的前一晚，旅部叫我带一个营去袭扰威县的敌人。袭扰完了回来，天快明了，就回到香城固来休息。我们有个新兵丢了，后来知道是日本人把他抓走了，收容起来了。新兵嘛，他也不知道情况，他就是说是哪个部队哪个部队的。就是问他这个部队是不是老八路，他说不是，是个新的部队，补充团。日本人就觉得这是个好机会，消灭这个部队一定很容易的。第二天，陈赓、王新亭就把伏击战的阵地设在香城固。香城固的西边是张庄，主力六八八团是个红军团，就埋伏在那里了。

补充团的两个营在张庄东边的一个村，我现在记不住（它的）名字了，另外六八八团一个营在北面香城固，准备敌人来的时候，就是在这里不让他进香城固。在张庄的西边呀，埋伏了一个新一团，准备敌人进到口袋后，由许世友，当时是三八六旅的副旅长，带着七七一团，插到敌人后边去把他的退路给堵住，这样就把敌人围住了。他自己进来的，在这之前，我们派了一个骑兵排，专门去逗这个敌人，敌人看到八路军就猛追嘛，八路军骑兵快，边打边退，就把敌人引进来了，还把敌人中队长打伤了。当敌人进到口袋的时候呀，骑兵排隐蔽起来了，敌人就是找不到了，他要占领香城固，香城固有人等着他呢，他攻不动。他就往西边扑张庄，张庄那边是主力嘛，埋伏的呀，也攻不动。他就向东边的那个村（攻），东面的那个村子是两个营的人，也攻不动。他就准备往回走，要撤退，七七一团由许世友同志带着把他的退路拦了，敌人就是猛攻，结果攻不动，打得坚决，打得残酷，伤亡都很大，最后天快黑了的时候，把敌人全部消灭了。详细情况陈赓同志有日记，俘虏了多少，我们伤亡多少，我记不住了，他写得很清楚。我们伤亡了50多人，消灭了敌人一个中队，八辆汽车全部给他销毁了，还缴了九二步兵炮、九二轻机枪、九二重机枪，把敌人的中队长也打死了。

这是平原游击战最漂亮的一个伏击战。敌人到后来又是组织飞机又是组织坦克，集中了几千人来专门找八路军的主力作战，要找三八六旅决战嘛。但八路军的主力就转到了卫河以南的冠县去了。以后就是从南头进攻南乐，从那里过铁路回到太行山了。部队顺利地转走了，敌人扑了个空。

### 冀南抗日根据地的形成

中央有个精神，就是要在平原开展游击战。中央原来的精神，是要进行山地游击战，这是1937年9月、10月的事。一一五师、一二〇师、一二九师都进到指定地点，很顺利地就占下了，形势挺好的嘛。毛泽东就说要开展平原游击战，一二九师就派部队过铁路，从邢台北面到任县，邢台东北有隆平、尧山，再往东有广宗、威县。

1937年12月以前，就组织了一个挺进支队，支队长是孙继

先，这个部队有几十个干部。1938年12月，就过了铁路，到了隆平、尧山那一带，那个地方有地下党，我们冀南党的基础好，所以部队一到就建立根据地了。1938年1月，陈再道同志带着五个连、三个骑兵排到了冀南，就在南宫站住了。1938年3月，宋任穷带着一二九师骑兵团又到了南宫，跟陈司令员会合了。

1938年5月1日晚，一二九师副师长徐向前带着六八九团、七六九团两个团到了冀南，又跟陈再道、宋任穷同志会合，当时的形势很好，连鲁西北的范筑先专员，抗日民族英雄，都要找八路军领教领教游击战怎么打。他主动来找徐向前，谈得很好。因为徐向前在红军时期就是一个方面军的总指挥嘛，名气很大。见了徐向前以后反映很好，说徐向前是个军人，但是风度像个文人一样，影响很大，形势也在发展，徐向前得统一领导冀南，那么多的部队嘛，方方面面吧。

6月，三八五旅的政治委员谢富治带着一个部队，从邢台以北过了铁路，三八六旅的政治委员王新亭同志带着七七一团两个营，从关北过了铁路，冀南的形势发展非常好。

为了加快根据地建设，一二九师主力都到了冀南，师长、政治委员都到了冀南。这是12月的事，我记得我们到了新家湾，那天是12月21日，这个时间不一定准。

后来敌人来了11路围攻，一二九师到了冀南以后，组织了六个集团独立作战，陈赓同志也带着一个集团，又组织了一次伏击战，打得很漂亮。这样敌人就恼了，非要找主力部队作战，要找三八六旅，部队就向南转，他没有找到，部队就转回太行山了。

刘伯承师长带着部队到冀南的时候，邓小平政治委员去参加六届六中全会了，当时没来，后来才来，这是1938年9月的事。主力转走了以后，就靠地方组织起来的部队，东进纵队，这时候军分区都有了，宋任穷同志负责组织了一军分区、二军分区、三军分区、四军分区这个时候的地区工作，还在邢台到临清公路以北。从邢台往威县，往东第一个县是南和。第二个县是平乡，第三个县就是威县，他们当时的工作还在北面。宋任穷不是带了一二九师骑兵团来了吗？一二九师的骑兵团，配合当时的东进纵队，还有徐向前同志带来的部队，粉碎了反对八路军的暴动，以后形势好多了。骑兵团往南走，解放了广宗、平乡、鸡泽、邱县、广平、威县，把这一片都解放了。骑兵团准备了一批干部，每到一个县放一个抗日县长，这样子抗日政府就有了。他们第一次见到八路军就是骑兵团，团长王振祥是老红军，政治委员邓永耀也是老红军。邓永耀同志很年轻，优秀干部，1939年3月在反"扫荡"中牺牲了。

徐向前是一二九师的副师长，到了冀南后，统一指挥，提出平原游击战争怎么坚持、怎么建立根据地。我们习惯于进行山地战，到了平原就没有依靠了，徐向前同志就提出要创造"人山"，把人组织起来，依靠"人山"，坚持抗战，这以后不就是一直坚持到日本投降，取得了胜利嘛。

### 著名的"人山"战术

"人山"战术的实施办法就是把人民都组织起来嘛，有妇救会、儿童团、青救会，有工会、农会，有普通民兵，有枪的拿枪，有炮的拿炮，没有枪，没有炮，有大刀，有长矛。

"人山"，一个是由人民群众组织起来抗日嘛，支持八路军

抗战嘛，有钱出钱，有力出力，汉奸还是少数的，我们在土地革命时期的斗争对象，这个时候都团结参加抗战了。一些开明的地主、开明绅士都支持抗战嘛，把群众都组织起来了。另外，扩大武装，有野战军，有县大队，有独立团，还有民兵，民兵最多，都拿起武器来了。敌人少，就打嘛，敌人多，就是分散游击嘛，避实击虚，所以敌人少了不敢出来，他要出来就是组织合围、"扫荡"。有机会，集中主力消灭他一股，没有机会就是打游击，所以敌人找不到八路军，急了眼了，他就组织合围，冀南有几次大合围，声势很大啊。

日本人来"扫荡"的时候配合八路军反"扫荡"，支援八路军抗战，建立好多的抗日武装，当时的方针是建立根据地，把人民都组织起来了，扩大武装，进行游击战争，打得赢就打，打不赢就走嘛。后来发展到了挖地洞，地道战，敌人来得少就地消灭他，敌人来得多就把部队转移走，小部队就进到地道里头去，敌人走了就出来，打得赢就打，打不赢就藏起来，当时的口号就是村自为战，人自为战，打一枪，换一个地方。老百姓都组织起来了。

1940年10月7日，在曲周的南面打了一仗，大概是新编八旅二十二团、二十三团、二十四团打的，敌人一个中队来"扫荡"，全部被消灭了，大炮也缴来了，把敌人的指挥官，中队长，打死了，尸体都没有弄走。还抓了几个日本俘虏。我们的二十二团团长田厚义同志受了重伤。每次打都要死人的，牺牲了好多呀，冀南呀，付出得不少呀，老百姓伤亡多少都没有统计，牺牲了不少呀。

那时候我们的妇救会，慰问八路军，慰问部队呀，青年组织青救会组织民兵，连村里的儿童团都站岗，查汉奸、坏人。全民都组织起来了。

妇救会有一个重要的任务就是动员年轻人参军。"母亲叫儿打东洋呀，妻子送郎上战场"，那就是她们的工作，好多人参加八路军。

刘伯承师长、邓小平政委带领的一二九师，抗战的时候，三个团到晋东南，到胜利后呀，14个纵队。你算算多少人呀，发展得很快。

## "四二九"冀南大"扫荡"，我们损失惨重

1942年4月29日，冀南的损失很大，大"合围"，牺牲了好多的干部，像六军分区的司令员易良品，五军分区的司令员赵义京，都牺牲了。"四二九"完了，紧接着就"扫荡"冀中，有"五一大扫荡"。冀中大"扫荡"完了以后，5月25日"扫荡"太行山，左权就牺牲了。那时候，太平洋战争已经爆发了，敌人要巩固（他们在）华北的根据地，搜刮物资，（扩充）人力物力，对抗日根据地进行残酷"扫荡"，小"扫荡"呢就是不断。后来敌人就是进行"蚕食"，分割抗日根据地，到处修公路，大村子与大村子连起来，镇和镇连起来，县和县连起来，修了好多炮楼，三里五里就有一个炮楼。

我们靠着群众基础好，照样坚持斗争，一直到日本投降，后来提出的口号是敌进我进，敌人到根据地来"蚕食"修公路、修炮楼，我们组织武工队到敌占区去开展工作，像三军分区，邯长铁路以东，邢台、沙河就是敌占区，我们的武工队都去了，部队都深入进去了，像邯郸、成安、临漳、磁县以东，漳河以北，那

是敌占区，后来我们都开展工作，部队在那里坚持斗争。

我们建立了秘密交通网。秘密交通建立起来了，以前干部过铁路，上太行山，从太行山下来，到冀南，从冀南过铁路，都要部队送，后来就不用部队送了。穿上便衣，有秘密交通，白天睡觉，夜晚过铁路就走了，后来就各种组织都有了，很有秩序。像我夫人上太行山，我上太行山，都不是部队送，就顺顺利利地过去了。

日本人这个时候就成了聋子、瞎子，我们在村子里头，日本人在炮楼里头，日本人修炮楼不敢修在村里头，只敢修在村子外头，离村子还有一里多地。我们在村子里头隐蔽起来了，他们在炮楼里都不知道我们在里头。

### 关键就在于能跟老百姓打成一片

（高厚良的老伴插话）有一次敌人"扫荡"，"扫荡"以后呢，我们那会儿因为都是青年学生呀，那个头发都是短的，后来临时搞一个小鬏，弄起来了，包围了以后，把我藏在老百姓家里呀。老大娘说，我知道你是妇救会，我不坏你的事。后来那个老大娘把我搂到怀里头，说，哎呀，这是我的闺女呀，她还小呀，你别吓她，你别吓她。老百姓把你都掩护起来了。

刚才讲的"人山"呀，就是人心所向，是很重要的。是不是呀？你能把老百姓都杀了嘛？八路军马上就出来了，到处都有八路军呀，可是呀，白天一个人也没有，你上哪儿去找八路军呀？都跟老百姓一样。汉奸是极少数的。那老百姓都掩护起来了，那个本村的比如说好多都参加八路军，所以能够坚持呀。1942年闹灾荒呀，我们那会儿吃什么呀？能吃个小米呀。我那会儿在地方上工作,能吃饱饭就算是改善了。灾荒年,颗粒不收呀,连着好几年,都没有饭吃。

冀南的老百姓抗战的信心很高呀,高到什么程度呀?老太太骂日本人,这是日本鬼子,老太太都骂呀。那年轻的妇女呀,为了保护八路军的战士,对日本人说这是我的丈夫。大姑娘为了保护八路军,都能这样。这个你能做到呀?老百姓掩护八路军呀,保护八路军呀,把自己的儿子、自己的闺女送给八路军,有的牺牲了。

这是什么军队呀?八路军一来就像吸铁石一样,把人们都给吸引住了,都向着八路军呀。那会儿呀,就是靠老百姓呀。没有见过这样的军队,和老百姓们打成一片嘛,帮着扫院子、挑水。

百团大战以后,八路军经常地"拔钉子",扩大抗日根据地,坚持斗争。太平洋战争爆发了,人民抗战的信心更足了,除了继续打击敌人以外,还开展政治攻势,伪军都是本地人,本乡本土,守炮楼的,父亲、母亲、孩子都在村子里头,那是根据地,我们的政策好,没有伤害他们,动员他们的父母、妻子、儿女,晚上去炮楼,去给他们喊话。那会儿还有一个小儿歌,说什么"你回来吧,别当汉奸了","八路军都给你们记着呢","你办的好事给你记个好字,你办的坏事给你记个坏字,日本投降了以后要跟你算总账的。日本人失败了以后要回日本的,你们都是中国人,你们的家都在这里,你上哪里去呀?"所以有好多的小娃唱这支歌。在敌人"扫荡"的时候,我们的干部穿上便衣,让她们妇救会在头后面弄好假髻子,那个伪军看到后就是说,我知道你是八路军,我不坏你的事,我把这个髻子给你挑下来。那个

时候，政治攻势开展得挺好的。统一战线工作，那个时候不叫统一战线工作，那个时候叫敌伪工作，我们还把日本俘虏组织起来喊话，日本兵进入睡眠以后，冀南的日本俘虏跟着我们一起到日军的炮楼面前喊话，挺有意思的。1941年不到两个月，攻下来了六个县城，仗多得很呀，说不完呀。

我刚才讲呀，炮楼修多了，我们在村子里头，敌人在炮楼里头，他就是不知道。怎么能让他都不知道呢？老百姓不是都养狗嘛，我们为了坚持斗争，你要是半夜进村，狗咬呀！它一叫唤，日本人就知道八路军来了，后来开展打狗运动，把狗都打死了，以后再进村就没有狗叫了呀，日本人也不知道。

我们打仗也有一套，除正规军打仗以外，游击队打仗，村自为战，人自为战，打一枪换一个地方，游击战、麻雀战，好多打法。

敌人来"扫荡"，抢粮，他们不知道我们的部队在哪里，主力在哪里，结果打开了，打死了100多敌人。还有1945年1月16日，我们利用伪军关系，把敌人城门打开，我们进去了，把日军的参谋长都打死了，把他们也消灭了。邱县也是利用伪军的关系，事先联系好了，我们进到城门外面，发出信号他就开门，我们进去以后，把日本人也抓来了，县长藏起来了，找不到人，后来就走了。

### 挖地道挖得敌人的碉堡"坐飞机"

1944年9月份，9月十几还是二十几呀，敌人有一个大队在永年北面的刘营安了个据点，大队长叫袁卿全，是永年本地人，管老百姓要粮、要款，抓抗日干部。老百姓受不了，要求八路军把它拔掉。敌据点在离永年十几里地的地方，我们趁着下大雨、刮大风，想象不到的恶劣条件，把它围起来，往炮楼底下挖地道，向两个碉堡底下挖，把炸药填上去，一爆炸，就把炮楼飞到天上了，我们叫炮楼"坐飞机"了。炮楼飞起来了以后还掉下来了，炮楼里的人不就都完了嘛，这个缺口就打开了，部队就冲进去把敌人全部消灭了，把大队长也抓了。后来日本人来"扫荡"，专门找八路军。我们走了，敌人想呀，八路军用的是什么新武器呀。这是 1944 年 9 月的事情。

还是要讲讲冀南的领导好，最早是李菁玉同志，那是老领导，陈再道同志带着东进纵队到冀南，这是 1938 年 1 月的事呀，纵队司令员是陈再道，政治委员就是李菁玉，冀南的老同志马国瑞，还有冀南的老领导王凤梧、王光华，冀南军区的司令员陈再道、政治委员宋任穷、副司令员王宏坤、参谋长范朝利、政治部主任刘志坚。陈再道不在了，宋任穷还在嘛，王凤梧不在了，刘志坚同志还在，范朝利同志还在呢，这都是冀南的老领导呀。在那么艰苦的条件下，我们大家经常在一块儿坚持斗争。还有一个根本的条件，就是冀南党组织有基础，群众工作好，群众基础好，拥护八路军，支持八路军抗战，要人有人，要物有物，老百姓用小米养活了我们八年。我们的地下工作都靠群众，敌人来了，就把我们保护起来了，就是因为老百姓的保护，没有让日本人抓跑。

## 郝印奎

1921年生，1937年参加革命，1940年任冀南第一专员公署财政联盟局局长。离休前任宁夏轻纺厅棉纺厂厂长。

## 在冀南的艰苦岁月

我叫郝印奎，1921年生。我5岁开始念私塾，后来上洋学堂，念了10年书，师范没有毕业。七七事变以后，我是15岁，随后参加了八路军。

因为当时日本人一来，旧政府的县长就跑了，监狱也打开了，不管政治犯也好，杀人犯也好，一律放开，所以全县大乱。当时共产党也沾了这个光，好些党员也都回家了。这个时候家家户户都跟死了人一样，我们这个家庭老人就说，别都在这儿等死了，就找了我一个老家的亲戚，年岁比较大一点的人，领着我们堂弟兄三个，往南方跑。火车上不去，等了两天，火车上人山人海，日本人的大火车根本上不去。后来我们没有办法了，就往西边过平汉路，到山里头。我们这个家，离栾城、临城都很近，我从平原到了山区，就在山区待了几天，不到个把月吧。说这不行呀，这总不是办法，在这儿吃喝都是问题了，所以后来就回来了。

回到家，那时候八路军已经过来了，就是河北来的部队，这个政治委员就是宋任穷，后来司令员是陈再道，归刘伯承、邓小平的一二九师管辖。

1937年8月，我参军了。开始还嫌小，说你还没有枪高呢，还参军，不太愿意收。我死乞白赖地说，你看国家要亡了，我不愿意做亡国奴。国家兴亡，匹夫有责。你为啥不要呢？我小，我还能长大是不是呀？这是说人家嫌年岁小，不太愿意呀。后来谈着谈着，对于我念了10年书，还是很感兴趣的。那个年代念书的人很少，我开始是念私塾，后来又念洋学堂，因为我念书比较早，从5岁开始念，念了10年。

## 在军事干部学校和华北财政经济学校学习

我们司令员还认识几个字，政治委员一个字也不认识。我当时还给他写个口令呀，来了文件给他念一念，所以我还是跟秀才一样呀。

在司令部干的时间不长，后来，一二九师在我们河北省南宫县办了个军事干部学校，要的学习对象就是连长。当时人们思想落后，都不愿意去，后来司令员叫这个去，不去，叫那个去，不去，就跟我说了声，郝印奎，你去吧。我说行，我就去了。给我写了个信，写的我是连长吧，我就到这个干部学校学习。

一入校，当时人家政治委员姓乔，就拉着我的手，一看介绍

信，就是挺亲近吧，就说，哎呀，这么点儿的小连长呀。我当时不敢说话，要是今天的话，我就说我是文书，这是司令员叫我来的，给我写了个连长，我不是连长。那时候不敢说，他光笑，我也光笑。这样，在战争环境下学习了八个月，这就算是不容易了。学八个月就毕业了。甭看这个政治委员在学校的时候介绍我入了党，但当时参军、参加共产党是干啥的，我那时也不知道，这是后来慢慢学习才提高认识了。那时我们当学生的，还欢迎过国民党派来的一个鹿主席（鹿钟麟）。我们学校里站着队欢迎人家，我们还是在前边，还比较整齐吧，都穿着军装，站着队欢迎人家鹿主席。

你看看这几十年了，这鹿主席的讲话，我现在还记得。他说，要不是这个共产党，要不是杨秀峰同志、宋任穷同志领导打的天下，我来不到河北。他当时还说得好听，还感谢共产党。当时欢迎的时候，他俩都参加了，都在台上，我们都在台下。学习了八个月，就毕业了，这就又回到了原单位。

这时候就分配我到政治部了，当青年干事。这个总队的编制是，司令部、政治部和供给部是平行的单位，我这时分配到政治部。政治部就几个干事，政治部主任下边也不分处，也不分科，也不分部，就领导着几个干事：组织干事、宣传干事、敌工干事，大概还有别的干事，我现在都记得不是很详细了。我是青年干事，做部队战士的青年工作，就是攻城的时候，爬梯子、上城、冲锋陷阵在前边，主要是做这工作了。在政治部和司令部的时间都不太长，具体时间记不太清了，就是1938年吧，大概在这前后。在司令部、在军事干部学校和在政治部最多也就是一年的时间。

后来华北成立了一个华北财政经济学校，当时我就到这个学校里去学习了。当时好多学员都是从大城市里没有跑走，也就是想往南方跑没跑出去，都投奔到蒋介石和共产党的根据地来了，都愿意把他用上，人才嘛。当时我主要是年岁小、文化低，像政治经济学、政治是从头讲起的，领会得很少，记了几个名词。我后来想，如果文化高的话，那将是非常好的。财政方面完全都是讲的旧的东西，政府的会计、财经，都是学的这个，时间不太长吧，大概也就是半年的时间就毕业了。一部分留校，就是华北财政经济学校，一部分就分配到银行工作。那时候共产党才开始印票子，开始抽出一部分到银行里去工作了。

当时国民党在河北、河南、山西这一带正和共产党捣乱。国民党派了两个军，也就是鹿主席带了一个军，还有石友三一个军，两个军就和共产党对着干，搞摩擦。我当时在这个总队，因为是在财政学校的，分配搞供给工作，实际上供给工作跟不上。那时候部队打仗冲得很快，后头供应根本跟不上，都是毛驴驮粮食，白天黑夜都走也赶不上供给部队。部队打到哪里吃到哪里吧，我就在后头跟着，就是打扫战场，组织老百姓。当时觉得很奇怪，怎么咱们打了胜仗了，消灭敌人了，收回来的枪都是国民党的枪，因为当时国民党的军队待遇高，条件好，枪好，所以把敌人消灭掉了，就把自己的枪扔了，把敌人的枪背上，所以拾回来的都是自己的枪。

### 从八路军总部到第一专员公署

这个战斗结束以后，把我又分配到了八路军总部。八路军总部当时在太行山，主要领导人是彭德怀，因为朱总司令在延安

呢。太行山只有刘邓一个师，贺龙、关向应一个师在晋西北管涔山地区，陈光、罗荣桓一个师在山东，主要是彭老总领导的。我在总部的时候，是小干部，在那儿工作了一段时间，对彭老总印象好得很。

在八路军总部时间也不太长，也就是在彭德怀身边吧。党中央在延安，这个八路军总部是彭副总司令领导的，就在太行山，大概是在辽县。那时候年岁小，别看是在总部里，共产党很注重学习，就是说，主要还是学习点东西吧，学习党的历史，看一些书，就是安静的时候，不打仗的时候。

所以后来说这个打了百团大战以后，暴露了共产党的秘密，八路军的秘密，加罪于彭德怀，我在思想上一直到今天是不理解的，也不同意的。共产党就是打日本的嘛。再说你是多少人，力量发展到了多大，其实日本清楚得很，日本那特务工作，世界上也有名，是不是呀？

后来又把我从总部分配到冀南政府里，又回到河北了，就是在冀南的财政联盟处工作。工作时间又不太长，又把我分配到冀南第一专员公署，在这个河北省南部，在第一专员公署里，当这个财政联盟局局长。

因为当时这个西安事变以后，和国民党达成的协议就是"三三制"，这个政府的编制应该是国民党1/3，共产党1/3，无党派人士1/3，这样成立政府。我就是在当时被任命的。但是共产党是秘密的，究竟谁是共产党，外人谁也不知道。那时候党员比较少，除了专员，除了我，当然还有其他的党员，这个党组当时叫党团，建国以后才改为党组，就是还配备县政府的一个秘书，我们三个算是专员公署里的党团的领导核心吧。

我到专员公署里是 1940 年底，在那儿待了两年，1941、1942 年，专员公署在河北省的最南边，这个地区环境比较紧张吧。我在那儿两年时间，大概就到了转移的时候。第一个专员姓于，于光富同志，是战前的老党员，被捕了。他被捕了以后又派来一个新专员，叫王玉修，时间不太长呀，又牺牲了，尸首都没有找到。

### 为什么要打百团大战

百团大战是 1940 年打的。主要是平汉路以南，从北平到河南郑州，反正不太远，就是这个地区；解放一个小根据地，解放一个小城市，解放一个小车站，这个总的联系起来，最后是 105 个团吧，所以后来号称"百团大战"。从我们来讲的话，非常有必要打这个百团大战，因为蒋介石造谣说共产党是打游击的，是游而不击，光跑不打仗，他们广播里到处天天喊着共产党不打仗，所以这仗得打吧，堵堵蒋介石的嘴，你看看共产党打不打仗，是不是？因为老百姓已经对共产党不打仗很有意见。他们说，你们一来就住我们村，敌人一来你们就跑。敌人杀我们，烧我们的房子，我们也跑不了。所以你到那儿住，老百姓就敢喊，你们不打仗，你们没力量打是不是呀？你们光会说，你们就是蚂蚱头。这蝗虫头上除了嘴没别的东西，意思就是说你们就嘴会说。当时共产党的力量很小，后来在河北平原待不住了，这才研究这个地下党嘛。开始时想利用这青纱帐，就是共产党可以在庄稼地里躲，但是这天冷怎么办？叫老百姓把高粱穗剪掉，秆不能动，就是说利用秸秆，可以掩护人吧，主要就是这个想法。后来感到不行，因为刮北风时，敌人从北边点一把火，一下子十几

里地都烧光了,所以这又失败了,想利用青纱帐利用不上了。你比如说夏天可以利用庄稼,天冷了就不能用了,当时想这个办法主要是因为自己力量小。这后来才研究往地下转移,情况一紧张,就转移到地下了,一个村一个村地联系起来。

当时共产党、军队也好,政府也好,主要一个是破路,把路都破成沟。车、大车、农用车都可以在这沟里走。军队走,对军队也有好处,打仗时军队就不用挖什么掩体了,就利用挖的沟就行了,是不是?一个是打狗。那工程大得很呀,那真是村跟村都联系起来了,所有路都挖成沟了,你想想多大的工程呀。打狗,因为晚上行军的时候,狗一叫就给敌人送信了,所以就号召群众打狗。那时候叫群众打,群众也不打,群众也是把狗藏起来,不愿打。可是军队一去,屋里一去人,非打不可,非得叫群众把狗打死,主要是当时自己的力量小,考虑的问题多。

## 通过内线从成安县城抢物资

我们打了一次,就是我们这个军分区打成安城,上级给的任务。为啥打这个成安城呢?这个时候正赶上百团大战,没有布没有棉花,不跟敌人要布要棉花,那冬天就得冻着,是不是呢?所以,这个时候,我们冀南一军分区就决定跟敌人要棉布、要棉花去,打成安城。伪军里头也有咱们党员,也有地下党在里头干着伪军的,有的是组织上派去的,让他当伪军、当汉奸,就是让他进去好给咱们反映情况。城北门一个班站岗里头就有咱们一个同志,要他争取其他的人,说你跟他们讲明白,就是我们到敌人那里,拿了布,拿了棉花,你们也不要干了,赶紧回来参加咱们的军队,不要当这个汉奸,不要给敌人干事了,因为将来的话,敌人要是查出来你们给开的城门，这个问题就严重了，给这个党员布置任务。那些汉奸也怕，因为他家是哪儿的，我们都知道，他姓啥叫啥我们都知道，他不听我们的，他在敌人这儿，他也得乖乖地听我们的，所以我们给党员布置任务，就是做大家的工作，叫他打开城门，我们进去。

工作做好了以后，那一天就通知我们，我们就进去了。城里头的情况我们都知道，日本人在哪个院住，伪军司令部的头头在哪个院住，我们都知道。我们进去后，先在日本人司令部门口支好机枪，伪军司令部门口也支好机枪，对着。因为事先调查了哪些是敌人的财产。那天去的人多，拿布的拿布，拿棉花的拿棉花，反正就是拿什么的都有吧，就拿出来了，反正挺高兴，日本人还不知道。后来，知道我们进去了，日本人不动，伪军也不动，伪军他不敢动，日本人不发动命令，他不敢动。

日本人为什么不动呢？一会儿再说这个。当时，同志们光熬夜，也有拿酒的，也有拿烟的，反正是摸着啥拿什么。回来出了城了，又说又唱，又笑又闹，往回走。日本人为什么不动呢？因为在那一边，在成安城的东边，人家日本人清楚得很，那是八路军的根据地。我们出了城后，人家就是开着汽车，先往北，后往东转一圈，转到我们前面，又埋伏了，打了我们一个埋伏，也丢了好些东西吧，也拿回来好些东西。当时拿回的这些东西，基本上就解决了一军分区的政府也好、地委也好、党政机关呀、群众团体呀、工农青团体穿棉衣的问题。这就配合着百团大战，就算打了一个成安城吧。

## 抓了几个日本俘虏

　　说到这儿呢，我说一下抓了几个日本人的事。怎么抓的呢？这个日本鬼子为了封锁共产党，每个县境的边上都挖上大沟，围着这个县境，把所有的村都包括进去了，不管他叫什么好听的名字吧，就是防备共产党进他这个成安县。他这沟里边有一条路，他这个日本人对伪军也不太放心，就是每个礼拜叫伪军带着他，骑着自行车，就围着这个县境、这个路沟，在马路上转一圈，看看这个路上有什么动静没有，就是有什么痕迹，共产党过来没有，大概每个礼拜要转一圈。成安城伪军中有个共产党员叫李连党。这个党员同志就给我们情报，要我们去捉小日本，就是在日本人转这一圈的时候。这一个班里面有那个党员同志跟着，日本人在后边，日本人都背着一个大枪。我们呢，这时可以带枪，也可以不带枪；不带枪也可以捉住他，就是一个人拿一根红缨枪，就在路边地里头趴着，他只要跑，跑到你前边了，你跳出来，一棒子就把日本人打下来，抓他活的。

　　头一回呢，就是计划不周，因为他转的方向围着县城，从南边向东边，到北边西边，再转回来转这一圈，原来是这样子的，所以咱们站岗的时候，一个人在庄稼地里往那儿一站，稍微能看一眼的。比如向南边看，他这样转过来，就能看到的。可是头一回呢，就这么好打的仗，也不容易，因为这一次日本人改变了，不是这样转，而是那样转了，忽一下子过去了，白在这里趴着了，也没有抓住。这就是说，这打仗也得会打，这才行呢。下一回呢，一边一个埋伏好，这次抓住了几个日本鬼子。这日本鬼子，捉住了他也不敢回去，他这个纪律严得很，有的就不敢回去了，愿意在这儿干是不是？后来咱们不是组织了反战同盟吗？都是日本人过来的，里头也有日本地下党。在延安的好些日本兵，有的就是日本的共产党。有日本共产党参加的反战同盟，那里有许多日军俘虏。他们会对这些日本俘虏讲，就说你们侵入到中国不是正义的，给日本人讲这一方面的道理，就是利用组织做他的工作，然后叫他再做日军的工作。

比如说晚上咱们部队跟着他，在城外敌人的电话线上，挂个线，这就可以和他城里头的日本人说话吧，叫他给他们讲侵略中国是犯罪，也就是利用他，叫他做工作吧。当时我们虽然力量小，只要能消灭敌人就会想办法消灭敌人。

### 最艰苦的时候吃过蚂蚱

最艰苦的时候，根本没吃的。你说吃的是吗？一升绿豆掺十升糠，这个绿豆挺黏，能够把糠粘住，一升绿豆掺十升糠，就吃这个。吃了这个大便下不来嘛，同志们就往上反映，还打仗呢，大便都拉不下来了，这怎么打仗呢？吃这个东西，不成了什么了吗？当时组织上也没有办法，共产党没有力量呀。因为蒋介石就给共产党三个师供应，其余的都是非法的，他怕你发展。蒋介石不管你粮食，枪炮都不管，子弹都不管。这个时候，共产党已经发展到100多个团了，就是没有任何待遇嘛。蒋介石就是啥也不给了，他就是限制共产党嘛。这时候，领导上也困难，没有东西，什么都没有，老百姓也困难。

1941、1942年，我在的那个地区正闹蝗虫，天灾虫害嘛。老百姓都饿得吃不到东西，就垂头丧气的，连迈步都迈不了，没有力量迈步了，饿得都浮肿了，树叶都吃光了，所有的东西都吃

光了，所以我们能够吃一升绿豆掺十升糠，那还算好的了。可是拉不下来呀，净糠，没有粮食，最后给领导反映就是这个吃的问题得想办法解决。

领导没有办法，后来不知通过什么关系，搞来点油饼，给发下来了，一个人半个，两个人一个。这个告诉说，实在拉不下来时，咬两口，可不能一下子吃了。都饿得不行了，几天这半个油饼就吃光了，还是慢慢吃。那会儿也吃蝗虫，工作是谁也不想干了，都躺着，没力气干了。吃不了东西，你领导干部就得想办法。我那会儿就说，哎行了，行了，咱们去找吃的吧。上哪儿呢？借笤帚、借簸箕、借麻袋，就在地里扫蚂蚱。其实那东西好吃着呢，回来一煮，跟肉一样，就是吃蚂蚱。

### 我们被包围，于专员被俘

一次，我们大批人马被包围了。那时候把我们包围到一个南北路上了。共产党不是把这个路都破了吗？最后把我们军分区所有的部队、政府、党委赶到这一个沟里了。这个路很长，十来里。这个时候没办法，四面是敌人，敌人也看见我们了，我们也看见敌人了。敌人他也不敢说进攻就进攻，因为我们这里头还有好几个团呢，还有部队。所以日军就打小炮，掷弹筒；我们这边路沟大，他也打不着，不是打到路这边，就是打到路那边，极个别的能打到我们。我们大家都清楚，敌人看见我们部队，他也怕我们，他也不敢往前冲。不过我们也清楚，没办法了，叫天天不应，叫地地不灵，想跟上级联系援助我们，打不了，电台挂不起来呀。那时电台背着，得挂起来以后，才能和上级领导说话呢，所以那时办不到了。只有一个办法，就是等到天黑。这天黑以前，专员是地方干部，他跟着司令员，一起走了两个。

在这个情况下，我们盼着天黑。天也快黑了，敌人也着急了，再不赶紧打，天就黑了，就不好打了。我们是一等到天黑就赶紧往外跑，再不跑就跑不出去了。所以在这个时候，桂司令员就对于专员说，老于上马吧。就是往外跑，他一上马，就负伤了，掉下来了。这个桂司令员带着一个骑兵连就闯出去了，跑了，走远了，根本就听不见枪响了。这时，敌人也打，我们也打敌人。

这个于专员被俘虏后，就没有办法了，想死也死不了，就绝食。日本人很快查清他是共产党的专员。到他家里，就查清他是哪里人，也就是姓啥叫啥哪个县哪个村的，就把他父母、老婆、孩子都给他接来了。想死不让死了，就是这个。后来就一直在敌人那边干到日本投降才出来，但是他做了很多工作。据我知道，就是只要能掩护的共产党，他只要能给起作用的，就给起作用帮助了。就是这也不行，后来再也没有见过面，恐怕"文化大革命"他是少不了挨打。不管你说得再好，人在曹营心在汉，你就是救过一些共产党，恐怕也不会对他十分相信。

所以我这个名字，就是化名。领导爱护同志，怕被敌人捉住后，到你家里去什么的所以你就换个名字。原来是金银的银，魁是魁梧的魁，后来说改了这个字，还是叫这个名字。当时没有考虑，后来就知道我家了。我那个村是东西三里长，1000多户人家，日本人就找我一家，最后把我家的房子给烧了。所以说，日军非常残酷，对咱们根据地更是杀人放火，强奸女人，尽办坏事。但是在敌占区那些地方，日本人也很会做政治工作。据说，像过春节了，他们会出来走走，还给街上的老百姓拜年呢，变着

法地搞他的统治。

### 到党校学习，赶上整风

我是1942年底才到党校学习去的。我当时是走不了呀，政治委员已经通知我到中央党校学习去，但十来个县政府都没有人，这十来个大印都在我这儿，专署也没有人，专署的印也都在我这儿。我得等着专员来，一等不来，二等不来，等了很长时间，这个专员才来。这个专员叫王月晨（音），后来是中央哪个部的副部长了。王月晨同志到了后说，你怎么兼职的？我说我就是这样兼职的。他说，你走了，我这两眼乌黑，怎么办呀。我说这是省委决定的，你要不有权力把我留下来，是不是呀？你要是不需要，我到党校学习，你就去请示省委。他说那怎么办？我说那我陪你在这儿转一个月吧，熟悉熟悉情况。我陪他在那儿转了一个月，我才往党校学习去。

## 马书龙

1923年生，1937年参加八路军，曾任冀鲁豫军区骑兵团连指导员。离休前任北京军区司令部政治部主任。

# 从剧社演员到骑兵团连指导员

我是1937年10月当的兵。初中上学没有一年，日本鬼子就打过来了，就回家了。共产党来了，我们的军队来了，他们衣服上还戴着三角，上面写的红军，这是吕正操的部队。人们说，参军吧！我们一下子14个人一块儿就当兵了，最大的21岁，最小的12岁，我是14岁，还不是最小的。我当兵那会儿，刚开始还戴着小三角，当时已经不是红军了，7月6日以前叫红军，7月7日以后就不叫红军了，开始叫人民自卫军，以后编入八路军。那时抗日情绪特别高，特别是学生，我们出来年岁不大，叫少先队。以后，少年先锋队是少年先锋队，少先队是少先队，反正都是这个有文化的，唱歌、跳舞、演戏都是这些人。

## 在先锋剧社演反派

到1938年9月,少先队与先锋队就合并了,叫宣传队,它不是正式组织,由少先队、先锋队组成了一个剧社叫先锋剧社。(吕正操的部队)编入八路军以后呢,就成了三纵队兼冀中军区了。这冀中军区是什么时候正式成立的呢?我记得是1938年的6月。我们那里变成冀中军区一军分区,什么河间、献县、衡水、大城、束鹿都是这一块儿,这是一军分区。冀中有五个军分区,一军分区、二军分区、三军分区、四军分区、五军分区,五军分区包括北平附近,这个地区是最残酷的。鬼子最靠近北平呀,他能饶得了你?这个地区最艰苦。我们是一军分区,一军分区司令员是谁呀?赵承金。副司令员赵中化,以后第一任政治委员可能你就知道了,谭冠三,后来是西藏自治区的政治委员,我们就是在这个一军分区。

以后到剧社演戏唱歌什么的,演话剧我是演反派的。以后话剧慢慢发展,又演什么呀?演这个京剧了,开始演现代京剧,那会儿不叫现代京剧,叫文明戏,那会儿京剧也不叫京剧呀,那会儿北京也不叫北京呀,不叫京剧叫平剧。我记得第一个平剧演的什么呀?演新平剧,叫《秦淮泪》,就说日本鬼子进攻中国,中国人联合起来组织游击队,到处打击鬼子,把日本鬼子弄得没有办法。所以日本天皇派人来检查到底是怎么回事,到了南京,汪精卫那会儿不是投降敌人了吗?到了南京以后,他就找汪精卫,汪精卫和老婆就商量着怎么对付新四军,怎么对付八路军,商量这个。结果,最后枪响了,枪响了干什么呀?鬼子报告来了,说新四军已经打进下关了。知道下关吗?就是南京城西挨着长江的一个码头叫下关，已经打到下关了，这个时候日本鬼子就感觉到战争胜利无望，最后汪精卫两口子也给跑了，这叫《秦淮泪》。这是第一个现代戏。后来剧社又演的什么呀？演的《辛巳变》，讲的皖南事变发生的事。1941年皖南事变发生，就演这个。再以后，1942年的时候，又演平剧，我记得第一个演的是叫《路登》，是延安改编的本子，它这个是三个折子戏改成一个了，演到一块儿了。路登，是路文忠的爸爸，日军进攻的时候，路登战死了。路文忠让保姆抱着，让日本警卫部队给俘虏了，还把他认成自己的孩子。最后，他又跟着日本人打中国人，这完了以后，知道自己是路登的儿子，才又断臂嘛，断了臂后又投降的嘛。给他说情，你是怎么回事呀？你是谁的孩子呀？你是路登的孩子，你爸爸是抗日的英雄，你爸爸让敌人给杀死了，牺牲了，你怎么还给敌兵干活呢？这以后呀，路文忠起义了。这就结束了，实际上等于过去的旧京剧，串起来改编，加上好多新的内容，适合抗日战争的需要，抵抗外来侵略吧。

### 到骑兵连当指导员

到1941年，党中央提出精兵简政后，这个宣传队、剧社都取消了，整个冀鲁豫只留下了一个剧社，就是冀鲁豫军区剧社。军分区没有剧社，我们的先锋剧社也撤销了，撤销了以后，我才到的连队。那会儿要把我弄到军区剧社，我说不行呀，我演戏演了这么长时间了，我该去打仗了，不行了，不干这个了。我亲自找我们军分区的政治部主任呀，叫王焕如，他知道我能演戏，他说你留下就留下，你干吗呀？我说我当骑兵，我要骑马呀，到咱们军区骑兵连去吧，这不就到骑兵连去了。

去了以后叫干事，那会儿连队里是连长、政治委员、副连长、干事，以后成骑兵团了，在1943年初，我们正式编成骑兵团第四连。那时候设连长、政治委员、副连长、支部书记，为什么连队设政治委员不设指导员，现在连队上有指导员，为什么呢？因为我们骑兵是小部队活动，单独一个连活动，意见一致可以，意见不一致呢，谁说了算，谁最后作决定，那会儿是咱们政治委员，最后决定权还是这个。这个争论不下了，政治委员作最后的决定。

那时候小部队活动，也就是日本鬼子实行这个"三光"政策、碉堡政策、囚笼政策的时候出来的。小部队活动，骑兵团还有排呀。那步兵已经没有那个营了，下边就是连，大团五个连，减一个特务连，小团四个连，就是四个连，这个连就成排了，精兵简政呀，不要排了。一个连多少个班呀，六个班，没有排，六个班。一个班多少人呀，18个人，一个班可以单独活动，18个人。反正你鬼子是碉堡政策呀，这三个人一碉，五个人一堡，是这个。

### 必须学会20句以上的日本话

我这个小部队行动方便呀，白天我钻地道去了，上老百姓家里去了，晚上还得干，晚上出来了。别看这18个人，18个人每人一挺机关枪，拿日本鬼子和汉奸的碉堡呀，他好受不了。他也甭想睡，也甭想干什么，到处都是喊口号的，对日本鬼子也喊口号。

所以那个时候，每一个连队呀，必须学会20句以上的日本话。军分区有个政治部，有敌工科，专门对敌人做工作的，敌工科有日语教员，必须得会 20 句以上的日本话。不然鬼子怎么知道你喊话呀，必须会。当然了，咱们说得不准，不见得那么很准。我们抓住一个日本鬼子，记得这个鬼子叫木村，我给他说我们学的日语，他说你说什么呀，你这个 60% 的听得清，40% 的听不清。你必须得学会 20 句以上才行，要不然你跟鬼子打仗的时候怎么说呀，你怎么喊话呀？战场喊话也是一种工作，咱们跟国民党打仗、跟汉奸打仗就是缴枪不杀，但你跟日本鬼子就得说日语，这个得学，那时候是这样的。

## 双村营战斗

在连队打仗呀，我给你们讲讲最艰苦、最壮烈，也是最能体现中国人勇敢的战争。我们最后剩下 14 个人下来了，上去了 63 个人，其他的都牺牲了，牺牲一个，你得背下来一个吧，这等于下去了两个是吧，受伤的两个也得跟下一个来，所以在骑兵团打仗呀，我觉得是打得最艰苦。从部队这个战斗力来看，这个骑兵团厉害呀，我给你讲讲双村营战斗。

双村营战斗，日本鬼子的主要目标对着山西南部，对着洛阳，对着新乡，新乡到了河南了，我们四军分区呀，现在就是新乡军分区，就在那一块，所以日本鬼子到了洛阳、新乡这一块。在安阳有一个汉奸，孙殿英，知道孙殿英吧，最后解放战争的时候不是咱们把他俘虏了。

这一仗是 1944 年的 5 月份打的。这个汉奸孙殿英呢，他领着一部分人跑到四军分区来了，打浚县、滑县，最后奔滑县双村营。滑县，知道吧，新乡东边的。在双村营，他就开始修炮楼了，在咱们根据地呀。打了第一次，而且这个时候是 5 月份，

我记得是5月21日,可能是打了一仗。就是麦子要收了,他要抢一下子,他派人去割你的麦子呀。咱们能让他割吗?你割了,我们吃什么呀?他想吃那麦子。哪行呀,不行,而且在我们根据地安了个钉子,他要占双村营,派了一个营还是一个团,到双村营去了。

这时候咱们的军区大了,叫冀鲁豫军区四军分区呀,原来我们是一军分区,骑兵团归了四军分区了。这冀鲁豫军区四军分区打双村营是二十一团,骑兵团,还有县大队,把双村营给包围了,以二十一团为主,攻击双村营,消灭双村营的敌人。西边、南边,滑县这一带来的援兵,消灭他们以骑兵团为主。那骑兵团骑马打仗的呀,这回成了步兵了,我们驻地离那里40多里地呢。当时下了命令以后,团长、政治委员找连级以上干部开会,提出来,这一仗必须打好,必须坚守阵地,把援兵挡在阵地以外,不能让他进来,保证双村营歼灭敌人,这就是给了政治任务了。

骑兵团就上去了,这是5月21日凌晨,二十一团就开始攻击这个双村营,我们就驻在双村营西南角的一个大庙。大庙的西边有一个南北的大道,还有一个东西道沟,大庙前边是广场呀。这是一个别扭事,挖的道沟不太好,深下去了,后来又上来了,又下去了,这么一个道,不合格,所以这个大庙以西的南北道沟,加上西边的这一条,一个倒"丁"字形吧,这是骑兵团的防御阵地。开始骑兵团四个连嘛,一、二、四连守阵地,打援兵;三连是预备队,最后突击,这就摆完了。整个一、二、四连先上去,我们做预备队,离着有四五里地吧,这个预备队等着上去。结果,整个的一、二连夜里12点后就进入这个阵地了。

进入阵地后,挖机枪工事、挖步枪工事,整个的布置什么的。整个的这个道呀，当时来看，是从南边这个大庙的地方，是700多米长，就是一里多地了。先是一、二连进去，他们是夜里12点多进去的，进去了以后做准备，等天明。七八点钟的时候，攻打双村营就开始了，敌人援兵就开始攻上来了。开始的时候他大概有一个营的样子，一、二连两个连才多少人呀，一个连60多个人，我们那个连才63个人呀，两个连对付一个营，敌人两次冲锋都没有过得来，都给打退了。可是咱们牺牲了一个连长，一个连长受伤了，还伤了一个支部书记，战士连死带伤的就是二三十个人呀。

第二天8点多钟的时候叫我们上去，一上去以后就埋伏在西边的道口上。一、二连在东边南北的通道里，我们在西边的这个道口，让敌人给发现了。那时候我们骑兵团的团长、政治委员都在那个地方，和战士们在一道沟里，就等于在前线指挥呀。我们上去了以后点点人，我说64个，政治委员说64个，就上了64个。一半的人看马桩呀，骑兵不看马桩不行呀，马可不是容易的，骑兵和马是战友，没有马叫什么骑兵呀？没有马你打什么仗呀？骑兵和马可亲密呀。他宁可不吃，他把饭呀，什么窝窝头呀，有时候塞到马嘴里去，他自己不吃。他知道离不开这个，这是战友，没有它你怎么冲到前边？马下来，这得有一半的人看马，一半的人到前线，所以我们到前线去呀，也就是60多个人。骑兵的规矩，副连长挂后边，看马桩，其他的都上前线，三个人带着三个排上前线。当时政治委员一吩咐，连长带一排，政治委员带二排，支部书记带三排。这时候敌人已经两次进攻了，我们上去的时候是敌人第三次进攻，可是他没有发现我们，（我们）埋伏在西边的这道沟里，所以，他这么过来，跑到我们的左

翼来了，我们要打枪，就整个打到他屁股后边去了。敌人看进攻没用，所以才往上冲，我们在西边才开枪，正好在屁股后头，敌人给傻了，怎么左侧开枪呀，一下子倒了一片，他接着就撤，他这一撤，我们一、二连也跟着冲出去了，结果把他们包围了，咱们的机关枪追着他们跑。副团长说，你们别追了，追他干什么呀，连死带伤一个连完了，这就是第三次了。最后清理战场，我们不是撤了嘛，老百姓清理战场说，我们军分区参谋长牺牲在双村营了嘛，胡乃超呀，那一仗打的，腿流血过多，抬下来，牺牲了。

敌人第三次不是打败了吗，打下去了后，没有多一会儿，8点多钟的时候，第四次就又上来了，还是从正面和西南方向冲过来，咱们用火力来压制他。他呢，学乖了，我不一块儿上了，你看吧，从麦子地呀，一会儿一个端着刺刀上来了，一会儿他给跪下了。第二批又上来了，一会儿第二批又不行了。第三批又上来了，交替着。这时副团长就说，甭管他怎么上，不到30到40米以内不要开枪，开枪上去就拼刺刀，拼完了就回来。所以第四次他用这个办法又上去了，你想呀，三个连队，一个连队六挺机关枪，18挺机关枪一起开呀，有多少人能受得了这么打呀？完了之后，一个冲锋上去，拼大刀，所以第四次又采取这个办法把他打败了。

完了，参谋长说，你们呀，把部队收缩一下，看看怎么样。这个时候呀，敌人又要上，他一部分跑到南边的村子去了，那个村子叫竹楼村，他绕到竹楼村，沟的南边，进去了几十个人，跑到村北的边上，有个小楼，两层楼，在二层楼上弄了几挺机关枪，专门对付道口上的。结果咱们回来，他们就开枪了。这时候我们连长李树茂说，大家别怕，不要管他，这不有道沟吗，他打不着呀。他站起来了，啪，一个机关枪，打在连长头上。我们过去以后，叫叫，拍拍，连长，连长，李连长，他睁了睁眼，嘴动了动，说不出话来。说这怎么办呀，赶紧给他上药，卫生员呀，就赶紧给他把脑后上药，给他包上头。我说，赶紧抬下去，就给抬下去了。当时我们感觉，说连长你说句话呀，他睁了睁眼，嘴动了动，说不出话来，大家伙儿看着这个难过呀。以后给他评的特级战斗英雄，冀鲁豫军区特级战斗英雄呀，总共评了七个，他是一个嘛。他1935年入伍的，陕北人。

## 攻打插花楼

江苏、安徽以北，现在的丰县、沛县，也算冀鲁豫军区，有个夏邑县，它属河南，原来属山东。夏邑县的插花楼，被日本鬼子和汉奸占着。冀鲁豫军区指示参加湖西战役的这几个团，一同消灭这个插花楼据点。这个湖西战役基本结束了呀，就剩插花楼了。占据插花楼的是伪军山东挺进第二十九中队。

七、九团，还有步兵团，攻插花楼，骑兵团打援。这插花楼在夏邑以北，在下达攻击命令的时候，日本鬼子出来增援了。从夏邑县出来了300多人，加上伪军500人，总共800多人呀。最后打援的时候主要靠骑兵团呀，骑兵团从西绕到鬼子的屁股后头，前边是七团、九团挡着他，我们到他们屁股后头。杀进去之后，拿马刀砍起来了，一砍，你说这个伪军，就那个小日本鬼子呀，也是抱着脑袋跑，那时候鬼子的战斗力已经不行了，1944年的时候呀，战斗力已经不行了，我们俘虏的鬼子呀大多是十五六岁的小孩呀。

这一打就乱了，这日本鬼子和伪军就乱了，那个时候你进去以后呀，拿刺刀一拼，一冲开后，这个马的劲儿多大呀，马带着人，一会儿一个，所以那个时候，真是看着鬼子害怕了，抱着脑袋才跑呢。过去就是一个，甭管是死还是活，照着脑袋就是一刀，有时候砍下半边来，那个时候，见鬼子就杀就行了，所以，我们一直追着呀，这么跑，那么跑，一直追到离夏邑县还有四里来地，那县城都看得清清楚楚的了。前边有一个军官挎着刺刀，还挂着指挥刀的，一看是鬼子，大家伙过去说抓个活的吧，结果我们团政治委员和我就下去了，士兵也下去了，下了马，叫他缴枪。他不但不缴枪，还要掏枪，咱们的人去了之后就把他的枪给夺了，夺了以后他要拿钢口刀，王政委拿着咱们的刀，一下子就给了他的脑袋一刀，他的半边脸就完了，最后又扎了一刀就完了。还有一个是伪军的司令，也是跑到那儿去了之后还在反抗，一刀也就完了，砍了之后，他没有死，缴了他的枪，叫他走，结果走了七八步，不行了，他流血过多呀。

　　剩下的鬼子就跑呀跑，跑到哪儿了？就跑到插花楼的东边。这个时候，还剩 60 多个鬼子。我们骑兵团那时候指挥是谁呀，是王秉璋，三军分区司令员，还有曾玉良，二军分区司令员，这时候他们两个指挥。他们说，你们骑兵团不要攻了，剩下的这点鬼子干脆叫步兵去攻吧，结果他上去了一个营。打了四五个钟头，一个院一个院的，一个房一个房的，那么拼刺刀拼的呀。我记得有个小战士，才十几岁，一个人拼了三个鬼子，后来开会的时候见着他了，评了个特级战斗英雄，跟我们李连长一块儿，开庆祝大会嘛，评了个特级战斗英雄。

## 冯闻智

1919年12月出生，河北省丰润县人。1937年3月加入中国共产党，1941年担任丰滦迁联合县武装支队副政委。离休前担任水利部天津勘探设计院院长，2008年去世，享年90岁。

# 亲历冀东暴动和冀东的几次战斗 [1]

### 冀东特委书记王平陆

九一八事变之后，日本军队侵占了我们的东北，紧接着又占领了热河，这样冀东就是他必须要占领的地方。因为他占领了东北了，就要打通这个津浦铁路，必须经过冀东。冀东呢，是日本鬼子侵略中国的咽喉要道。

---

[1] 1938年7月发生的冀东人民武装抗日大暴动，是党在敌后组织的一次反抗日本侵略的伟大壮举。在短短两个多月的时间里，在冀东20多个县六个大地区组成武装齐整的10万余人抗日部队，占领了兴隆、平谷、玉田等九座县城。这一胜利震撼平津，轰动全国，沉重打击了日本帝国主义在冀东的统治，为开辟冀热辽抗日根据地奠定了基础。

冀东的人民是无论如何不能屈服的。建立了好多的组织，在党支部的领导之下，发动群众抗日。滦河北迁安县有一个叫上梨树峪的村子，这个村有个老头叫高福贵，很进步的，很爱国的。他大儿子呢，化名叫王平陆，很小就到东北在铁路上当了一个普通的工人。他知道很多人民斗争的知识，1937年七七事变后不久，他就辞职不干了，回到家乡发展抗日武装。家里头不富裕，但他父亲很支持他。发动群众，经常有人联系，好多人在他家吃饭，来的人都让吃饭。他做地下冀东特委，训练发展起来的群众武装。群众武装在1938年暴动以前已经发展了几百人，都拿着锄头镰刀起来斗争，但被反动派镇压下去了，他弟弟也牺牲在天津监狱里边了。迁西县有个西里庄，这个庄有一个也是个进步人士叫魏春波，这个魏春波把王平陆他们一家子都安全转移了，王平陆经常在魏春波家办公。

　　冀东特委的书记就是李运昌，李运昌到黄埔军校学习完，后来又回到了冀东，王平陆就是在特委领导下，经常到特委去汇报工作。他们在魏春波家里发动各地的武装组织，被敌人发觉了，一家子几乎全牺牲了。王平陆亲自带队去打清河沿这个据点，他也牺牲了。

### 邓宋支队留下包森在冀东坚持斗争

　　1938年，冀东那时大暴动起来，号称20万人，左一路，右一路。邓华、宋时轮率八路军奉中央的命令来支援冀东抗日大暴动，秋后邓宋支队就撤了。为什么？邓华、宋时轮开始准备到长城外边的青龙县，青龙县有个都山，准备青纱帐倒了之后，掩护着暴动的队伍，得训练，准备到都山上去。走到半道上一看不行，这个都山属于"伪满洲国"，日本鬼子在东北，关东军到处都有据点，条件不行那就往回撤！邓华、宋时轮就召集冀东抗日的领导人开了个紧急会议，决定往西撤。这20万人往西撤，就稀里哗啦，日本鬼子就围攻，最后邓华、宋时轮纵队撤过去了，冀东地方的抗日武装力量也就是真正过去了2000多人，20多万都垮了。邓华、宋时轮支队临走时撂下了也就100多人，让包森带着成立了一个支队留在这儿算是一个根吧！后来成立的十三团，这个包森就兼团长。

1940年，包森带着十三团进入盘山开辟盘山抗日根据地。盘山那里边有好多的土匪，就是连打带劝降，最后把所有土匪都收拾了，这才开辟出盘山抗日根据地来。地委书记兼十三团的政治委员是李子光，也是老地下党员。

日本鬼子以为这是殖民地呢，所以天皇的亲信就在这里显耀来了，游山玩水，让这个指导员给弄住了。弄出来讲价还价，是天皇派的人来和咱们地下党员谈判，谈判多少钱多少弹药。要多少钱他给，就是枪不给，咱们非要武器，别的不要，所以谈不到一起，就这样怎么他也不给，后来把他枪毙了，收拾他了。

### 在十棵树村，没有包森指挥就要全军覆没

包森这个人的性格是很特殊的，他是陕北人，高中毕业以后就参加地下工作。他在邓、宋支队里是一个支队的总支部书记，做政治工作的。他在冀东打了几次恶战，最激烈的是在十棵树。在1941年5月大"扫荡"的时候，日本鬼子集中了几万人"扫荡"冀东，咱们准备躲过这次"扫荡"，撤到敌人后边去，结果半路上在十棵树村就遭遇了日本鬼子，军分区司令部就带着一个

教导队，一个特务连，还有十三团，一个营，战斗力很弱，日本鬼子好几万，那时要不是包森在那儿指挥呀，那就是全军覆没。日本鬼子兵力太多，从早晨打响，到天黑，包森一个人在那儿指挥。十棵树是个村，那好几个村都连着，后来李运昌司令员带着一营冲出去，一直冲到关外，剩下的部队一直坚持到天黑。激烈到什么程度，日本鬼子几次冲到庄头上，进不了庄，他就是手枪也好，手榴弹也好，就在村头上，跟日本鬼子拼，就是包森亲自指挥的，那么拼，到了非常危急的时候，那时候军分区政治委员叫李楚离，给大家开会，号召党员战斗到最后一滴血，把文件都烧了准备牺牲了，都到了这个程度了。就是包森这么坚持着指挥，日本鬼子进不了庄，进了几回都给打出去，最后坚持到天黑。到天黑，日本鬼子就不打了，一堆一堆地烤火去了，趁着这个时候，包森指挥着转移出去了，牺牲了一部分，大部分都带着转移了，这是相当危急的一次战斗。

### 李运昌多次遇险，都幸免于难

　　李运昌同志呀，是很慈祥的一个长者，很善于团结同志。他的特点是，各方面力量他都能团结起来。那时候，多艰苦呀。他身先士卒，他有时也遇到过危险。有一次在丰润县城北火石营，他叫日本鬼子包围在村子里边出不去了。日本鬼子进庄了，搜查起来。他怎么样？有一个老太太很好。她很沉着，面不改色，日本鬼子进来了，她就向李运昌喊，随便喊了个名，说去，挑水去，缸里没有水了。她连骂带喊，李运昌就挑着水桶出去了。日本鬼子也没有注意，以为是她儿子挑着水桶走了。他转出家院，才跑起来。当时相当危险的，差点让日本鬼子堵在那儿，是老太太救了他。还有一次，抗日暴动之前，他回老家乐亭县木瓜口村。特务知道他回家了，就把他家给包围了，就敲门。他爱人就把他放到房顶上一个小阁子里藏起来了。然后开开门。特务问，李运昌回来了吗？回来了，他老伴说。在哪儿呢？这不是刚出去，走了，你们没有碰见他呀？往那边去了。哗，敌人就追过去了。趁这个机会，老伴把他弄下来，让他从后院里爬墙跑了。给堵在屋子里了，那多么危险呀！老伴沉着应付，他才脱了险。像这样的事，是常有的。

在抗日时期也有几次失误，杨家铺战斗，损失就很大。冀热边特委和行署召开会议，布置土地改革。在杨家铺开了两天会。应当赶快转移，可是没有转移。特务一连在那儿保护他们，我们就上了滦河北了。第二天就听说，他们让日本鬼子给合击了，像周文彬呀，丁振军呀，好多领导干部都牺牲在那儿了。

## 一个大胜仗，十三团全部换成新式捷克武器

包森指挥战斗，最大的一次战役就是消灭伪治安军几个团。他集中了五个连的兵力，插到治安军驻地当中。打了一阵，咱们就撤了，让他们自己互相打起来了。最后，一块一块地包围，把他们给消灭了。剩下的残余敌人，撤到了山上庙里。包森说，一点儿也不能让他剩，就得把他消灭了。他指挥三营营长带着战士冲。咱们的伤亡也很大呀。最后冲上去，冲到庙门口。日本鬼子有个顾问，他指挥不让投降。伪治安军的一个班长，把那个日本鬼子给打死了，弄了个白布晃晃，算是投降了，这才结束战斗。那是一次大的战役，得了轻机枪20多挺呀。那会儿得一挺机枪就了不得了。八路军那会儿哪有机枪呀！步枪就多了。这

次战役对发动冀东抗日斗争，起了很关键的作用。因为什么呢？十三团整个的武器都换了，换成了新的了，都是捷克式，机枪也是捷克式的，步枪也是捷克式的。咱们换成了新的，旧的都给了民兵。民兵一下子就发展起来了，成立了支队，又编到团里边。冀东部队后来增加了好几个团，和这个有关系。

### 一个钟头，消灭 100 多鬼子

接着，李司令员又指挥打了几个战斗。在滦河有个后关地村，在通往昌黎县的公路上。二营营长叫杨思禄，他带着我们两个连，一连、二连，都埋伏在那后关地了。知道敌人要顺着昌黎县公路过来。魏轩他们连，一连，埋伏在后关地的街里面，二连长叫刘景宇（音），外号叫大粗腿，他们这个连埋伏在后关地北边的一个小村子。杨思禄带着通讯排在后关地村里，呈三角形。日本鬼子到了一连的阵地。那会儿我在营部。日本宪兵骑着自行车，到了杨思禄的门口。杨思禄打了几枪，打死了两个宪兵。另外几个宪兵就藏起来了。敌人后边的大队就过来了。战斗打响了，用手榴弹把日本鬼子给打了。日本鬼子最后剩下了十几个人，村后边有个大坑，撤到那里边，组织反冲锋。还出来跟我们拼刺刀，都拼刺刀拼死了。那次消灭敌人 100 多人，时间也不过就是一个钟头。

像这样消灭日本鬼子的战斗，在冀东是比较少的，打伪军的次数多，特别是打伪治安军。打伪治安军，我们都打习惯了，一个连可以打垮他一个团。有一次，我们在王家营早晨出操的时候，看见山头上有人，好像是伪治安军。我们一个排冲上去了，他们是一个团，被冲跑了，追得落花流水的。那时候，打伪治安军，就等于补充武器，艰苦的是打日本鬼子。

## 节振国抗日时间不长就牺牲了

节振国抗日时间不长。他在开滦五矿里边起的作用比较大。他的号召力还很强，做工人工作做得比较好。冀东大暴动时，他带着一帮人出来，叫工人特务大队。那时候，这儿有一个司令带着一帮人，那儿也有一个司令带着一帮人，到处是司令，几十万人，谁管谁呀，各管其所。后来都往西撤的时候，他也撤了。到平西接受训练。1939年，在平西受训回来，在滦县刘各庄，和敌人打了一回。在那场战斗中，他牺牲了。

## 许国恩

1927年生。抗战期间是八路军三纵队兼冀中军区七军分区、九军分区战士。离休前在军政大学兵种教研室工作。

## 冀中地道战和"卡私"遇险

### 15岁参加八路军

1942年8月25日,我参加清苑县第四区游击队,在没参军前我在村里是儿童团员,在村子里站岗放哨,拿着红缨枪,就是查个汉奸什么的。"五一大扫荡"的时候我还没参军,"五一大扫荡"在我们村还打了一仗。我家有块地,在我们唐家庄村南,这个仗打完了以后,发现在我家的地里头死了十几个八路军,当时不知道是哪个部队的,我当了兵以后才知道是三纵队兼冀中军区十军分区在那儿打仗,叫日本鬼子给打死了。我当时还是个小孩,才15岁,当时在村外躲日本鬼子,几拨日本鬼子兵在我们村里"扫荡"，见人就打。

"五一大扫荡"以后，日本鬼子修了好多据点，他要扩充伪军，到各个村招伪军，叫我们当伪军。我父母跟我说不干这玩意儿，给日本鬼子干我不干。我们村有个党支部，书记介绍我参加这个游击小队了，就在我们村南六里路，有一个叫寺上村参的军。人家嫌我小，说你这么小当兵不行，你多大了？我怕他不收，说我18了，他说你18就长这么一点啊。我就支脚尖，抬起脚跟来，说你看我高不？他说你光脚尖着地，脚后跟没着地，你还是个儿不大啊，按着我们要求你这个小孩当兵不行啊！他就不想收。支部书记说收下他吧，他愿意当八路军。就把我收下了。

收下了以后，就叫我在队部当通讯员，给我发了一个套筒枪，八发子弹，其他的子弹袋就是装的高粱秆，因为没那么多子弹。当时的队长是高丰毅（音）、陈尚清（音），以后在河北省军区当武装部长，政治委员叫张明德（音）。

### 当新兵出洋相

头一天给我发了枪以后，晚上睡觉时，又给我发了八发子弹。以后我才知道给我是最多的，因为我是通讯员，其他人的子弹袋装的都是高粱秆。老百姓看了后，就说我们子弹很多，其实没有多少。

晚上睡觉呀，这个老兵不脱衣服，头朝炕里头睡，腿朝炕沿，中间的那个腿夹着枪。我刚当兵不知道，还按照在家的时候，头朝外睡。当天晚上紧急集合，也不吹哨也不吹号，就捅了一下：哎，走了！我就跟着也走了，到村外头一查，我光穿着个

裤头，鞋也没穿，那8月份还热呢，也没袜子，当老百姓那时候哪有袜子啊。结果把枪也丢了，子弹也丢了。队长一查，检查到我这儿来了，没带着枪，没带着子弹，没穿着衣服，光穿着短裤，就跑到村外紧急集合去了。叫队长熊了我一顿，说：你的枪呢？我当时也迷糊了，说那我回去找吧。我们队里有个司务长，管伙食的，结果他把我的枪、我的子弹都拿来了，衣服也给我抱来了，才给我穿上。

头天当兵，第二天就打仗。这一打仗呢，我胆小，哪个地方人多，我就到哪个地方去打。这个枪一靠近人家几米以后啊，一打震得人家耳朵受不了。人家说上一边去，别靠近，靠近不好，这目标太大，那有的就不耐烦。有一个区队长，就是现在的排长，叫王汉池，他是南马庄的，就是演地道战那个马家河子那边的。他挺好，因为他是个干部啊，他说你才来的吧。我说，是啊。他说，你姓什么？我说我姓许。他说打枪啊，不要靠近人家耳朵边，靠近人家耳朵边，震得人家受不了。他说，再一个你打一枪啊就要挪一个地方，不要老在一个地方打，一个地方打啊，目标大，敌人的枪就过来了。我从那以后就知道了，打仗的时候不要在人多的地方打，要离开点，我原来也没受教过。

把这仗打完了，赶回去一清查子弹，说谁打了多少谁打了多少。人家那个老兵啊子弹放得少。队长一问我呢，我说子弹打完了，队长又熊了我一顿，说你打死几个敌人？我说我也不知道。他说队里有规定，一个子弹消灭一个头，就是消灭一个敌人，实际上我一个敌人也没打到，把子弹都打了。以后老兵跟我说，你的弹壳呢，我弹壳也没拾回来，那时候打了仗子弹壳不能丢，拾回来以后把子弹壳交到队里，队里头交到咱们造子弹的兵工厂，把底火的部分再重新弄上药再做第二次使用。我当新兵出了洋相了，我这是如实地说，所以说老百姓当兵要有个过程。

## 三次地道战

地道战，我参加了三次，两次是在村东的冉庄，就是演地道战老头敲大钟的那个村。我当兵是小孩子，目标小，胆还比较大，比较灵活，没有当几天通讯员就叫我到侦察班去。去监视敌人，除奸，记哪个汉奸干了些什么坏事，这样目标小一般抓不住，就到那儿当侦察员。

第一次打地道战是1943年的春天，也就是3月份。我们侦察到清苑南边的白城、白团这两个村有据点，这是敌人偷袭冉庄的地方。冉庄是我们的中心村，他要偷袭。我们把这个情况告诉我们队的领导，做了准备，也告诉了村里的老百姓，做准备啊！

我们的部队拉到村南，冉庄村南有条河。这条河是从西往东流，从太行山那边过来的，从唐县一直流到白洋淀。冉庄是个大村，河南头还有个小南关，是个小村，我们靠着河边，日本鬼子来了就打起来了。日本鬼子在冉庄村里来回乱窜，老百姓就在那个地道里面打，他不出来。开始我们没进去，就在外面打，后来我们才过了河，打到了冉庄村里。冉庄有个南北街，有个东西街，东西街上有个大槐树，西头有一个碾子，我们在碾子那儿跟日本鬼子打上了，打死了十来个鬼子，缴获了一支枪呢。很快我们就退出了战斗，我们没有把日本人全部消灭，日本人动作很快，下午他就撤走了，就跑到白城、白团去了，这是第一次地道战。

第二次就是 1943 年上半年收麦子的时候，也是白城、白团那块进来的敌人。我们东边县大队去了一部分人，冉庄东边还有一个张登，在黑风口那个地方。敌人来了，想在那边打，我们也吸引敌人在冉庄这边打。他来了有 100 多人，有日本人，也有伪军，打了一段之后，他们打不过冉庄，老百姓也不出来，他就跑，我们就追他。

冉庄北边有个三庄，一个三里村，通过三庄，然后往辛庄，跑到那边去了。辛庄南边有个大窑，日本鬼子有一部分跑到窑里去了，最后我们在那边跟他打。跑到那儿的敌人大部分被消灭了，最后日本鬼子还跑掉了三个。这是第二次打这个地道战。

第三次在 1944 年上半年，刚开了春。地里老百姓有些白菜还没有收完，我们驻在我们家西北边的大魏庄。日本鬼子从西村庄北边的王五庄据点来，这个据点离西村庄有五里地，他们偷袭西村庄。我们在大魏庄，离西村庄一里半地，我们从大魏庄钻地道到西村庄村南与村西的坟里头，从坟里出来和敌人打仗。当时日本鬼子打了几次了，他也狡猾了。一打之后，他有伤亡，他撒腿就跑，就跑回王五庄据点去了。这一次我们没有抓住多少，他伤亡了一些，我们当时没有伤亡，打了这个之后，我们很快就撤出战斗了，这就是我参加的三次战斗，其他地道战的情况我就不清楚了，这就是我知道的、所参加的地道战。

## "卡私"遇险

"卡私"就是敌占区的物资不能到解放区来，咱们解放区的物资不能让它到敌人那里去，就封锁他，实际上日本鬼子也封锁我们，我们也封锁日本鬼子。可是那时候我们也没有钱，到哪儿吃哪儿。我们队长就想了办法，干脆去"卡私"吧，卡了什么再弄回来，前几次我们"卡私"，卡的有香烟，还有雪花膏，还有那种叫肥皂的，就卡了这个，还有布匹，交给队长，就分一分，这队里就有点收入了。

他从保定出来，就算进解放区了，这就算私货，我就是没收你的，我就干这个。前几次还有点效果，说以后咱还接着干。这不，有一次，我是侦察员，带着枪，再给配上两个带长枪的兵，就在那个张登的黑风口，就是那个张登的村北，去卡。

日本鬼子来了，赶着三个大车，用芦苇的席把上头蒙住。既然他来了嘛，咱们就得卡呀，他是冲着这个方向来的，是不是从保定出来不清楚。我对那两个带长枪的说，你在这儿，那是个沟，下边是青纱帐，你在这儿等着，我去看看。

上去了之后，我说："站住！"离老远的就站住了，那个赶大车的是中国的老百姓。我说，你这里头有没有私货？他说，我这里头没有私货，都是这个地瓜秧子。我说，检查检查。他说，你不用检查了。中国人还是向着我们的。我说不行，得检查检查。我这一检查，坏事了。因为刚一到车跟前，就出来了个日本鬼子，照着我就一挠，我这腿往后一退，他那刺刀没有刺着我。我当时拿的手枪是打一发的，我照着他就是一枪，臭火，这没有办法了。他呢，又拿枪，又要打，他先是扎，我不是拿枪打他了嘛，他开始没有拿枪打我，他一拉枪机，我就抠了一把渣子灰、土，照着他就甩了过去，正好甩他眼上，他就把那个歪把子支上了，支好了要开枪。因为我是小孩呀，底下是青纱帐，是豆子什么的，高粱秆也长了半截子，我撒腿就跑，后来日本鬼子支上机枪就扫，也没有打中我。追了我八里路，这次弄得非常狼狈，鞋

也跑丢了，上衣也丢了，把我身上划得一道一道的。回来我跟队长说，我是不干了，下次说什么我也不干了，差点没被人抓住，我带的那两个兵早不知道跑到什么地方去了，光丢下日本鬼子追我一个人。那两个人说呢，咱们没有在一个方向跑，你在这个方向跑，我在那个方向跑，结果我跑到张登西北角有一个地方，叫三各庄、牛庄、羊庄、晋庄，就跑到那边去了，这次非常危险，这是一次事。

## 偷袭保定西关武器库

1943年快入冬的时候，我们在保定的内线跟我们联系，说发现日本鬼子沿着平汉铁路往武汉那个方向运东西，运了好多武器。保定西关这个街是东西向的，在北边这个大院住的是伪军，就是那汉奸队，南边这个院住的是日本鬼子，这个上头还修着小岗楼。我们想把他们这些武器抢一部分，我带着部队事先侦察，侦察好了后，带着部队到那儿就偷袭保定西关。

得两部分人对付，一部分人得对付北边院的伪军，到伪军这边去的人少，我们大概去了就是一个多班，首先把这个站岗的制服了后，把这个大门一关，伪军正睡觉呢，就把他们的枪收了。那个武器在哪儿呢？在日本鬼子那儿，在南边院里，南边院里有几个战士，我是侦察员，是带路的，一人提一个铡刀，北方铡草的刀。去了以后，日本鬼子脸朝北站岗，他们是双岗，咱们一个战士提着这个轧刀，一轧刀就把他给砍倒了，那个还没有来得及砍，就掐倒他了。我们就进去了，进去了之后，因为他一叫呀上头就听见了，一打枪，我们就闯进去了，武器就弄出来了。

当时扛武器一人就扛一箱，日本鬼子那个三八大盖是长箱子，一个里面有好几条枪，当时因为我个儿小，背不动那大家伙，我就弄了个小箱子。我扛了一箱，跑了大约有30里路吧。快到我们家了，打开一看呢，他们那个长的都是三八大盖，我扛的是手枪。有的是德国牌的那个撸子，最后我还拣了一支，一直到南京军事学院学习，到1952年我还带着这支枪，还有六发子弹。到南京军事学院学习，凡是在那儿学习的干部，这枪都得交了，结果我才把这枪交了。几十年呀，我一直带着枪，到以后我当排长、连长时，实际我有三支枪：一个三八枪，我是特等射手，这个枪打得距离远点；我还有一支手枪；另外我还有缴的日本鬼子的这支枪。

### 玉米地里的歼灭战

1945年7月份，大概是那个时间，我们在保定南边的中冉，在那里打了一仗。我们驻在中冉村后，住在老百姓门洞里头，有一个大车，我在大车上睡了会儿觉，结果日本鬼子来偷袭了。敌人不知道我们在大车上睡觉，是被我们流动哨发现了，开了枪了，我们就把他追到中冉村的村东头，一块棒子地里，才打起来。

这日本鬼子是哪一部分人呢？这情况原来我们没有搞清楚，他是从保定那边来的，他是一个士官队的，他那士官不叫班长。打起来了以后呢，我们县大队也去了，因为我们一下子打不了呀，把他们包围了，有那么几块棒子地里呀，不是很大吧，包围了。这个日本鬼子大概有不到100个人，就是从拂晓一直打到太阳快落山的时候，这个日本鬼子基本上都让我们消灭了。可是我们缴来的枪呀，没有一条完整的枪，他把枪机全部都卸掉了，

枪把都摔碎了。我们还逮住了个活鬼子，叫他走，他不走。不走怎么办呢？我们把他绑在门板上，把他腿绑上，把他胳膊绑上，我们把他抬到南边老根据地去，结果绑他的时候，日本鬼子还咬了我一口，他就这么顽固。我们这个班里头呢，还打伤了两个，残疾了两个，一个叫刘少增，就是我们村南叫小营村的，他跟我一个班的，也是侦察员。还有一个叫小银子。这一次呢，打了一次歼灭战，但是没有缴获一支完整的枪，日本鬼子基本都打死了。

### 打新乐，鬼子放毒气

这仗打完了之后，日本鬼子就接近投降了，实际上我们接到日本鬼子宣布投降是"八一三"，不是"八一五"。当时我们不相信，我们当时在安国县，说日本宣布投降了，那天还改善了伙食，吃烙饼，还有点肉，说庆祝。庆祝完了，我们就升成县大队，又去打新乐，在石家庄北边就是新乐县，靠沙河边，收缴日本鬼子的武器。

缴武器之前，队长讲，说日本鬼子呀，可能缴，也可能不缴，他也可能放毒，说咱们要有准备工作。放毒的准备工作，怎么准备呢？咱们又没有防毒面具，那时候也没有见过防毒面具，说怎么着呢？每人一条手巾，如果日本鬼子放毒，就在手巾上尿上泡尿，然后拿手巾往鼻子上一捂，就结了。打新乐，我们攻的南门，攻了一夜也没有攻下来，日本鬼子放毒了，当时我们就按照队长说的那个办法，用手巾把鼻子和嘴捂住，过一会儿就解了，这是我经历的情况。

## 史进前

1917年生于山西定襄。全国抗日战争爆发后历任平西游击队政治指导员,晋察冀军区五支队总队主任,一军分区政治部宣传科科长兼干部教育科科长、一军分区一团政治部主任、三区队政治委员、二十团政治委员。解放后曾任解放军总政治部副主任。1961年被授予少将军衔。2008年去世。

# 回忆平西游击队和平西根据地的斗争

### 创建平西游击队

我先谈谈我们创建游击队的事。七七事变发生后,那时我在北平读书,是民先队的区队长和静鸿中学的支部书记。卢沟桥事件以后,工作主要就转到抗日这方面了。我们当时和二十九军联欢,学生里有特别技能的人在联欢会上表演。我们有一个同学,胳膊上放一块厚大的石头,用铁锤砸,胳膊没事,放在胸脯上砸也没事。我们用这些方法跟二十九军联欢,他们很喜欢看这些东西。我们在这个过程中宣传抗日,为他们在喜峰口、卢沟桥抵抗日寇加油鼓劲。活动到7月29日结束,28日那天,我通宵没有

睡，刻蜡版写宣传品，把宣传品印好让交通员带走，分发给各分队、各学校。然后我就出去走走呼吸新鲜空气。

我那时住在一个二层的楼，那地方有一个警察阁子，住着个老警察，看见我出来了，就主动地跟我说，先生，昨天晚上二十九军全部都撤走了，你也应该早点儿做准备。我觉得这个老警察还是爱国的，他老早就知道我是地下工作者，所以这时给我报这个信。我一听，觉得这个问题严重了，整个军撤走了，那就是日本人马上就要来了。我就找了北京市委的学委张如山，我说你看怎么办，二十九军昨晚全部撤走了。他一听也急了，说我们到东北大学看看去。东北大学当时是主张抗日的，也是很有基础的，我们跑到那儿一看都乱起来了，都知道这个消息。听说清华大学还有一些枪，我们去取了枪武装起来，反正不能当亡国奴。大伙同意了，几十个人都往清华大学跑，跑到清华大学找不到人，开不了门，枪也取不上，怎么办呀？大伙一合计，说我们过香山公路到西山，撤到大后头，反正不能当亡国奴。大伙儿从清华大学就往香山公路上跑。

那时候正是7月，夏秋之交的时候，从青沙岗那个小路上走到离香山公路大概1000多米的时候，发现日本鬼子的马队、步兵、坦克正在公路上过。我们就过不去了，就藏到青沙岗里头等着，心想总有个空隙吧。从清华大学出来时大概10点钟，结果等到太阳快落山了也没空隙，鬼子一直过着，不是马队就是步兵，再就是坦克，再就是军车。太阳快落山的时候，忽然敌人有两辆坦克朝着我们这个方向开来了，同学们想是不是看见我们了，我们就往回跑，一直稀里糊涂地跑到西直门，坦克也没有追来，这时电灯已经亮了。大伙儿一合计呀，觉得今天行动太莽撞了，什么也不考虑就这么稀里糊涂的，我们还有组织呀，我们还有今后的工作呀。大伙就七嘴八舌地检讨起来了，后来说赶快回城找组织，安排今后的工作，这又回到北平，这算是我们的一个小插曲。

回到北平以后呢，日本人三天就进城了。日本人进城以后，北平市委派了一个同志到我家里传达党的指示。后来我才知道那时中央提出了"全民族实行抗战"的方针，要武装群众，武装抗日，保卫华北。为了贯彻这个东西，北京市委就派了个叫王德的同志到我家传达党的三条指示，第一条，日本人已经进城了，要出城搞武装斗争；第二条，有条件能够继续隐蔽下来的人，继续在北平做地下工作；第三条，要把大部分党员、大部分民先队员、大部分学生中的进步分子有计划地输送到大后方去，先到太原、冀南参加各方面的抗日工作。后来我们研究了一下，我和张如山、玉池出城搞武装斗争，家在北平的同志尽量留在北平继续做地下工作，另外就是有计划地输送进步的同学到大后方。

在那种形势下，东北的散兵游勇来参加的数量很大，囚犯有300多人参加了，郊区农民参加了一些，东北搞过义勇军的参加了一些，北平市派出来的党员、北平的进步学生参加了不少，所以队伍在1937年的9月就发展到1000多人。司令赵侗是东北义勇军的人，副司令是旧军官郑子峰，参谋长是国民党的军官，副参谋长是国民党警察厅的厅长，部队人员有惯匪（第二监狱出来的有些是砸银行的、抢劫的）、青年学生、郊区农民，所以那时我们说党的抗日民族统一战线，在抗日的口号号召下威力真大，把这些人团结在一起抗日了。

## 妙峰山突围

到10月初，日本人用一个师团分三路来围攻我们游击队，一路从南口，一路从另一边，一路从左边门头沟。那时候部队到了妙峰山的尖口，三个中队有的还在山下头，敌人一围攻一下子把我们挤到妙峰山顶上去了，有12架飞机来轰炸。我们在妙峰山同敌人打了整整一天，妙峰山很高很险，敌人也没上去。到了晚上，我们一个急行军下了山，从温泉南口的北面跑了160里路就到了斋堂。部队一方面休整，一方面派人跟杨成武的部队联系。在敌人占领北平以后，在战争的最前线敌人最紧张的地区诞生了这么一支部队，而且打了些胜仗，所以朱总司令、彭副总司令都给聂老总发电报，对我们部队加以鼓舞，所以我们那时情绪可高了，跟杨成武联系他就同意会合了。部队就到了易县跟杨司令员会合了，杨司令员欢迎我们，招待我们。

## 阜平整训

会合以后，聂司令员（聂荣臻）打电报来说要游击队到阜平去整训。那时候晋察冀军区司令部、政治部都在阜平，我们就由杨司令员那里进军到了阜平。部队休整整训，干部也受训。那时候游击队的干部搞了个短期训练班，聂司令员给讲课，舒同是晋察冀军区的政治部主任，孙胡子（孙毅）是教育科长，黄敬是省委书记，他们给讲统一战线，讲政策，讲军民关系，讲部队团结，讲红军的光荣传统，在阜平整训进行得非常好。这时候司令员赵侗提出来说要去学习，学习好后再回来和大家一块儿干。我们这些党员早对他有意见了，所以在会场上都举手同意，同意司令员去学习，学好后再领导我们。聂司令员知道了这件事情，把我们这些游击队的党的负责同志都找去说服我们，说我们的抗日民族统一战线是实实在在的，不是骗人的，凡是愿意抗日的，我们都欢迎都要团结，赵侗不管有什么缺点，他还是愿意抗日的，让他这样走了他会印象不好。第一回没有说服我们，我们说赵侗总归走了比在这里好，后来聂司令员第二次又请我们去，又做了饭给我们吃，苦口婆心地劝说。我们说好了，我们思想不通也要执行老总的指示，回来后又挽留了赵侗。

1937年底1938年初，日本人分九路进攻晋察冀。聂老总把我们游击队派到灵寿、获鹿、行唐、滹沱河、拒马河和平汉路，他说你们到那里去，一方面配合反"扫荡"，一方面把当地的地主、恶霸、土匪、反对共产党的、镇压群众的端掉。聂老总还说那些地方现在已经土改了，农民翻身了，你们可以扩大部队。到那儿后，我们到处宣传，扩大了700多名翻身的农民，这下部队成分结构起了根本性的变化。我们在反"扫荡"结束后又回到阜平。

## 二道河伏击日军

1938年1月，军区正式把我们编为八路军五支队。反"扫荡"回来后，聂司令员说你们是平西发展起来的，现在还把你们派回去，建立平西根据地。我们在3月从阜平出发回平西，走到涞源二道河的时候碰到日本运输队，正运送枪支、弹药、粮食到涞源，那时候是日本人占着交通线。我们一接到信儿，就非要把这仗打好，游击队就在二道河埋伏下等着日本运输队到来，这是日军的必经之路。我那时在连里当指导员，我们五连埋伏在那条

沟里。敌人进来后什么也不知道，指导员一看进到我们口袋了，我们连出来了，就跟敌人打近仗，拼刺刀。二十九军的几个老兵很有战斗经验，有一个叫王世军的轻机枪打得很好，打出花来了。有一个人会武术，他非常灵活，把敌人的枪挡过去以后，一扣扳机就把敌人打死了。日本鬼子愚蠢，只会拼刺刀不打枪，后来我们抓了俘虏让他教部队拼刺刀。他讲在日本军队里头，要能坚持八个钟头拼刺刀不准打枪，显示他武士道的精神。我在离鬼子二三十米的地方，看到敌人在沟里头，露着钢盔，就拿着步枪冲他打去，连打好几个。日本人后来拔腿就跑，我们就追，这个运输队一共90来人，全部被歼灭，有的日本人举手投降，最后俘虏了四五个。这是晋察冀第一次抓到老日本鬼子，我们受到了表扬，其中有一个叫俊熙的日本人，以后成了反战同盟的骨干，在前线上喊话争取敌人投诚，作了很多贡献。二道河这个仗打得真好，以后敌人增援来了，我们就撤了。

## 开辟平西根据地

回到平西，部队就分兵发动群众建立根据地。一中队驻在山头，上下取水，二中队驻在镇边城就是怀来那一带山区，我们三中队驻在良乡，我那时当了中队主任了。那时跟地方党配合，实行一元化领导，军队的政治委员既管军队也管地方党也管政权。这么一分散开，跟当地的地方党和民主人士配合，很快就组织起四个联合县政府，一个是房山良乡联合县政府，一个是房山涞水涿州联合县政府，一个是昌平宛平联合县政府，再一个是涞水涿鹿联合县政府。同时，群众团体也逐渐组建起来了，平西根据地已经初具规模。

在创建根据地的时候，1938年7月，大后方来了一个人找赵侗。我们了解了一下子，说是他妈妈派来看望赵侗的。但是我们看这个人鬼里鬼气的，他一天总在驻地山上转，好像看地形，看驻军的情况状态。那时候党内就做了布置，对这个人非常谨慎。另外，我们部队的司令员赵侗虽然是东北大学的学生，有抗日思想，但是这个人参加过法西斯党，脑子里的法西斯思想很严重，个人主义很严重，他想把部队变成个人的军队，称霸一方，而我们要把部队建设成党的武装，所以部队从一开始就存在着建设什么样的军队这么两条路线的斗争。另外，赵侗过去搞武装斗争时常常搞军事阴谋，像同志开会时或和别的武装联络一见面，他哈哈一笑手一抓，把人家武装一解除就把人家部队合并了，这家伙很内行。所以我们知道他这种情况，对他很警惕，我们党内有规定：凡是赵侗召集开会时，部队或者军事干部、政治干部只能去一个，不能全去，另外不带枪。回来建立根据地以后，赵侗在阜平就觉得共产党已经掌握部队了，他就以辞职要挟，这次回来以后他就觉得没希望了。

### 赵侗事件始末

所以大后方那个人走了以后，9月，赵侗就带着他最亲信的十几个人逃跑了。我们赶快派同志去追他，劝他回来。他不回来，给我们中队以上的干部写了封信，他说，我几次想对你们一网打尽，但是考虑到我们同甘苦共患难一起搞了这么久，不忍心下手。我们那时也非常警惕，所以他下不了手。我们为了对付他，我带着政治部专门组织了警卫连，给他们的任务就是对付赵侗的突然事变，所以我说你们放岗放哨就是对赵侗放的。那个连

非常负责任,所以赵侗没法子,最后跑掉了,跑到大后方去了。蒋介石吹捧说华北的游击队都是赵侗组建起来的,他是华北抗日游击队总司令,他的妈妈是游击队之母!

他跑了以后呢,从部队内部产生个司令员困难,要上面派一个能够领导这么个部队的司令官一般人还是不行的,派高明的又不值得的,因为就1000多人,架子是师级架子,人数是团的人数。后来我们党委开会讨论,建议我们和杨成武的部队合并,军区同意了。杨成武同志很快就到了我们那里,游击队就和杨成武的部队合并了,机关和机关合并,司令部和司令部合并,政治部和政治部合并,部队和部队合并,五支队的部队和杨成武的老三团的一个营重新组成了新三团,后来这个团就成了十九兵团一九三师五七七团,很能打仗,很好的部队。

赵侗到大后方以后,又去西安参加了特务训练班,大概受训了几个月。那里的特务头子叫尹勤,有200多人,每一个人三件东西:步枪、盒子、手枪。后来国民党把他们派回来,到晋察冀军区搞特务武装活动。他们这次回来,到晋察冀的村庄附近一下子碰到一二○师,贺老总(贺龙)的部队正在那里。贺老总跟聂老总一联系,聂老总说彻底消灭,一二○师派了部队,晋察冀也派了部队,就把他彻底消灭了。当时的命令是一个活的也不要,打完后一个人一个人地检查,把这个部队歼灭了。聂老总以后跟贺老总说,你这仗打得好,减少了我们军区好多麻烦。但是以后发现还是跑了一个,跑回东北去了。

平西游击队大体上就是这样的。因为他是在日本占领北平之后,在华北最前线,在敌人的心脏地区诞生的这样一个部队,而且诞生以后打了很多仗,发展很快,党的领导很坚强,培养了不少的干部，所以我们党委书记王越云同志在合并以后，他到军区汇报部队情况的时候，聂老总跟他讲你们五支队的党是正确的，是成功的，你们出了不少的干部，有功劳。王越云回来到冀中当军分区政治委员，路过我那里时传达了军区的意见。

## 奔袭石景山

游击队重新回来建立根据地的时候，在"七一"还搞了个奔袭石景山。那时候我们跑了90里翻过一座香山大梁，集体冲锋，七八百人打石景山，把那里的伪军俘虏了几十个，把炮楼炸了。那时日本人说黑暗了一段时间，就是说石景山爆炸的事。这一爆炸日本人急了，就派出人来追我们的部队，我们就上了香山梁了。香山梁是石景山西边的一个大梁，我们跟敌人整整打了一天，部队陆陆续续撤下去了。我为了掩护部队是最后撤下去的，又饿又渴没办法，后来喝自己的尿。天晚了敌人也上不了山了，我就连滚带爬地回来。走到半路，碰到一个老乡，是个小伙子，他说我替你背枪吧。我说好呀，我已经累得精疲力竭，他就替我背着枪回到了部队。回到了部队，我对小伙子说你就留在这儿吧，他说我就是想到你们这里，他以后当了勤务员。那时候根据地军民关系很好，战斗胜利的依靠、保障、信息都靠老百姓，军民亲密无间。

## 参加黄土岭战斗

黄土岭战斗、雁宿崖战斗两个战斗结合起来是整个的战役。黄土岭战斗是聂老总和贺老总在军区，根据敌人的情况下决心打的，杨成武同志到军区开完会赶回来部署的这个战斗。日本主力

军对我们根据地发起进攻，部队司令官叫辻村大佐，辻村的部队在雁宿崖被我们一团、三团歼灭了500多人。敌人的总司令官急了，亲自带领着更大的部队来了。我们派了个增援支队诱敌深入，日本鬼子那时瞧不起我们，他就边打边进，就进了黄土岭。我们早就准备好了口袋，一团、二团、三团还有一二〇师的特务团加上总支队准备打他。鬼子一下子跑到这个口袋里头，我们就四面八方一起打他。敌人的司令部在上庄，我们在山头上看得很清楚，一团的炮兵就瞄准它打，打得非常准，人们说我们的炮弹也是爱国的长眼睛的，就在一个院子里头，老乡没受伤，一炮弹就把日本司令官阿部规秀打死了。这次战斗歼灭了敌人900多人，两次战斗一共歼灭敌人1000多人，这就是黄土岭战斗。

### 拔除日军的钉子据点

大龙华战斗是消灭了敌人的士官队，就是干部学习队。这个仗全部消灭了敌人，还缴获了很多文件，打得敌人很痛。接着以后就是百团大战吧。那时我在一团当政治处主任，负责攻打井陉煤矿，战斗主要是三团打的。我们俘虏了日本的一个小女孩[1]，把小女孩交给了聂老总，聂老总把小女孩又送给日本人，日本人非常感谢。那小女孩长大以后还专门到中国来拜访聂老总，感谢聂老总，这是打井陉煤矿时一个很有趣的故事。

---

[1] 1940年10月，晋察冀军区部队攻打井陉矿区，聂荣臻部下救下美穗子姐妹（后妹妹死在石家庄医院里），聂荣臻派人把她们送到日军控制的石家庄。多年过去，聂荣臻时时挂念这两个孩子。1980年几番寻找，终于找到美穗子。不久，美穗子访问中国特地拜谢聂荣臻。这成为一段历史佳话。

## 南坡头战斗打得干净利落

我们一团打涞源，把三家店占领了，涞源打进了东关没打进城里去。百团大战的后期，聂老总说不打根据地边上敌人的据点，打根据地内部的据点。那时候晋察冀西边的敌人，在我们根据地里面有一串据点，聂老总说百团大战后期要把这些钉子都拔了。六团打的抢风岭，我们一团打南坡头。南坡头的敌人是板垣师团留下的老日本鬼子，据点大概有100多人。西边黄土高原有个沟笔直笔直的，日本人就在那个笔直的土坡上建立了据点，盖的房子，盖的工舍，盖的地堡。我们怎么打呀？后来团长、政治委员说派一个营攻他正面，引起他的注意，不强攻，让他出来再打他。另外我们派了二营六连，从那个深沟下去又上来跑到他院里，他什么警戒也没有，就跑到他们住的房子里。这是晚上，他们正打呼噜睡觉呢，一投手榴弹，他们死的死、伤的伤，还有几个活的就被俘虏了。那一仗打得真痛快，前面进攻的部队没费什么力气，守碉堡的敌人也被消灭了，我们从后面进去他也没有防备。打下来后我到战场上看了看，我问六连你们是怎么上来的？他们就领着我看了看，你要看呀那是根本上不来的，他们说我们就一个踩一个上来的。那次战斗使我相信，我们的战士在必要的时候、紧急的关头真能创造奇迹，所以说这个战役打得非常干净利落。

**齐景武**

1918年生。抗战期间任八路军晋察冀军区一军分区一区队区队长。离休前历任北京军区炮兵副司令员、河北省军区副司令员。2010年去世。

## 在定易涞的艰苦岁月

我算是一个战争过来的幸存者,我从抗日战争全面开始到胜利结束,这八年,一天也没有离开部队,所以作为幸存者来说,应该把自己亲身经历的一些事情向群众、向组织讲一讲。

### 小海伏击战

讲个故事吧,第一个就是在一团侦察连当指导员的时候,我第一次和日本鬼子战斗,消灭敌人60余人,缴获枪支不多,因为打扫战场很仓促,大部分落在河内,我们只拣了八条新的三八大盖。

这个仗怎么打的?是在1940年4月初,一团侦察连、二十五团的一个营,加上二十五团的侦察连,由二十五团的副团长马辉同志、军分区组织部长华燕秋同志统一指挥。我们赶到小海以后,半夜进了村子,首先封锁了这个村,只能进不能出,封锁消息。敌人离这个小海八里路。8点左右,我们侦察员发现王家镇的敌人出来了,作为指挥员来说,我心里也是嘀嘀咕咕的,我们怎么打好?一直考虑这问题没有闭眼,一听报告说出来了,立即准备旗号,各就各位。敌人带着军犬和一些日用品、弹药、罐头和食品在后面。一开始就把敌人打蒙了,虽然军犬在前面侦察,他们有准备,但只看到山上有动静,没有看到我们,知道有我们部队,还没有来得及展开,我们就冲出去了。那时候指导员都是和战士一块儿,带着冲,当时一下就把敌人压下去了,因为敌人虽然有准备但是他们不知道是在哪儿,还以为在第一天的那个地方,给他来了个出其不意。后来一回想,这个决心如果慢半分钟,我们就可能被动,就不知道有多少损失了,我感到这个决心下得是非常及时的,这一打就把他压住了,伤的伤、亡的亡,一大片,以后敌人拼了刺刀,最后还开了重机枪,我们也开火,压住他,他大部分伤亡了,有二十几个人就硬跑过这个渡桥,所以他大部分都死在河里头,武器也丢在河里头,为什么捡的武器不多呀。这时候刚要结束打扫战场,东西两边的敌人又上来了,跟我们两边的掩护部队已经接触了,打上了,这时发出撤退的信号,我们全部撤出,在撤出的时候首先把我们伤的、亡的(带上),一个也不能丢,耽误了一些时间,所以没有很好地打扫战场,简单地就把几个毛驴驮的东西,子弹、罐头等食品拿了,赶快回来了。大家非常紧张,也就不到半个小时,结束了战斗,干脆、利落。回来开总结会的时候,杨成武司令员亲自来欢迎我

们，最后他还写了一个报告，登在《晋察冀日报》上。这是我第一次亲自指挥战斗，这就是小海战斗。

## 渡过难关

抗日战争最困难的阶段是1942年和1943年，敌人"五一大扫荡"以后，逐渐把我们的根据地打得就越来越小，把部队都压到山里头去了，大部队不好活动。正赶上是灾年，大旱，多年的大旱啊，敌人的"三光"政策，杀光、烧光、抢光三光政策，根据地的一些村庄几乎没有完整的房子，都烧了，粮食没有，住的地方没有，老百姓的困难也是军队的困难，军队没有吃的、穿的，吃树皮，吃树叶，挖野菜，甚至草根能吃的也吃，树叶没有不能吃的，那时候我才尝到，过去谁吃过臭椿啊，香椿树是卖钱的，臭椿叶也是一样吃，吃糠咽菜，实际上是吃野菜，吃树叶子、树皮，那树都把皮剥了。部队为了减轻群众负担，自觉地减少粮食，给群众盖一些草房，临时这么住着，以后中央才发出精兵简政、发展生产、节衣缩食这么些政策，要求战斗部队每个人节约一两粮食，机关减少二两粮食。那时候只有三钱油、二钱盐，基本上发不了，最后只能靠自己，生产自救。自己搞生产，提出任务，每个人每月要生产50斤粮食，不管你怎么生产，50斤粮食，100斤菜，有的搞得好的，还提前完成了。这个阶段军民都受苦了，正是在这个时候，精兵简政，是什么呢？就是缩小部队，把大团缩成小团，取消了营，营的干部下放，下到连啊什么，有的副职干部也下放到连，从营长下到连长。

我们渡过这个难关，很重要的一条——政策这是一方面——还有一条就是靠广大人民群众的支持。群众那么困难还想办法，有点粮食就支援军队，那真是同生死共患难，为什么说军民鱼水情？那真正是鱼水情啊，你脱离不了人民，没有这个支持行吗？再一个就是部队的高度自觉性，听从命令服从指挥，在那样的情况下情绪还非常高，大家并没有感到困难，为什么呢？大家都看到群众那么困难，我们部队就自觉节约粮食。为什么干部战士那么艰苦还能坚持下来？靠什么呢？靠觉悟，真正的是战士干部一律平等，这个对战士教育非常深，他看到干部也没有特殊性啊，那时候都是一块钱，战士干部都是一块钱津贴费，一块钱也是1942年前，发一块大洋，1942年以后晋察冀就自己印票子了，发一张纸币，一块钱。一块钱能买什么呢？大家只能买几斤花生，庆祝庆祝，有福同享有难同当，生活完全是平等的，没有任何特殊，干部以身作则的啊，你冲锋在前，享受在后，谁也做得好，任何一件事只要干部做得出来，战士也就跟着。那时候没有衣服穿，还是一年发两次衣服，以后就每年发一次衣服，棉衣不发了，自己拆洗缝补，穿旧的，一个连只能发五至六件旧棉衣。轮流站岗放哨。在敌占区活动，你随时都可能遇见敌人，根本休息不了，那时都是靠年轻，也不怕疲劳，迷糊一会儿，一叫就醒了，一有事马上就起，没有睡过整宿觉。

指挥员必须亲自掌握情况，做到知彼知己，你要是打糊涂仗，碰好了，行，碰不好，一塌糊涂。是不是？教训也深。我是从战争中学习战争，我一天训练也没有，没有上过"抗大"，连集训都没有，只是有时候集中起来学习什么材料。打了两个小仗，我摸索出一点规律，关键是把情报弄准，情报弄不准，盲目性就很大了。一个是定兴的沟式（音）战斗，专打定兴的一个特务队。特务队也叫汉奸队，敌人主要靠的是特务，他每天出来活

动，掌握他的规律，他净在哪儿转，准备在哪儿伏击他，那个伏击战打得挺好。第二个就是欢迎我们副支队长刘万林，迎接他去，过封锁沟呀，过了沟以后，天亮了不得不找一个地方隐蔽起来。正好发现了进入窑村的特务队，易县管的特务队，14个人都是自行车，都是驳壳枪，一个长枪一个短枪，群众最恨他们了，出来后我们就把他们消灭了，打了一个胜仗。从这个我就看出来，领导干部怎么能把情况掌握准，根据这个情况，作出一定的部署，制定一个方案。所以开始我就首先把敌人的特点搞清楚，以后我写了一个《定易涞作战方针》，叫打击易县、抓紧定兴、分化涞水。这个方针是怎么定的？因为易县的敌人是赵易东，赵易东是土匪，抗日战争国民党撤退的时候组成了第十路军，1940年他逃跑，投降日军，（日军）给他做易县警备队大队长。他对于我们的情况都知道呀，他千方百计地想办法对付我们，争取他没门的，坚决打击他，打击易县。抓紧定兴是什么意思呢？因为定兴的敌人我打了他好几次，虽然打得他不厉害，但是他害怕，战斗力不强，所以他只要出来，一小部队我都歼灭，顶不行的，我也得打一下，他不出来，我就该进攻了。分化涞水是什么呀？涞水伪大队长叫郭万成，整个涞水县的一半是他的，他为了保护他的家产呀，他不用全力打，所以他下边也都是一些比较富的子弟，他也是为了保家，不受侵犯，所以不是完全忠于日本鬼子，他的家乡我们都控制着呢，实在不行我们就抓他的家人，所以他不敢怎么着，分化他，使他上下不是一股劲，就定了这么个方针。打击易县，抓紧定兴，分化涞水，基本上是这么做的。

## 为什么要打狗

那时候根据地基本上没有什么狗，养点鸡可以，但是在游击区和敌占区这个狗是很大的问题。那时候一条重要的政策叫反奸除霸，那么跟狗有什么关系呢？狗是他们的哨兵，因为你一接近村，首先叫的是狗，狗一叫，这个汉奸就知道了，阻碍八路军行动。他们知道后就马上报告，所以狗对我们活动妨碍是最大的。那时候好多时候不进村呀，就怕这个，他就向敌人报告去了。为了保险，你要不解决这个问题，你只能受损失，你怎么活动呀？就是咱们的地方干部他也难活动，他一进村，必定要引起狗叫。那时候，几乎家家养狗，号召打狗，开始群众不满，还有反对的，他不理解，最后我们做工作，为什么打狗，打狗对老百姓有什么好处，因为敌人发觉不了我们活动，敌人不出来，不会干扰群众，直接对群众也有利。就来了个打狗运动，从开始有不同意见，到以后自觉地打，打了以后，他把狗给我们，他连皮都不要，你们处理去吧，说我们还是改善一下伙食，吃狗肉。打狗以后，敌人的汉奸也暴露了，该抓的抓了，该关的关了，有的倒了，有的跑了，所以这样把敌人的情报网给破坏了，我们自己建立了情报网，对于我们活动就便利了。为什么以后他出来活动有限呀，因为他得不到真实的情况，他是瞎跑，我们可以得到情报，他什么时候出来，我们都知道，因为有我们自己的情报网，所以说打狗的意义还是很重要的。

## 政策决定以后，干部是决定因素

为什么说对政策的问题体会较深呀，毛主席讲，政策决定

以后，干部是决定因素，我可以从领会政策上讲两个具体事，其中精兵简政这个我讲过了，精兵简政就是减少兵员，减少吃公粮的兵员，减少群众负担，这个大团化小团，分到地方，改为游击队。广泛开展游击战，对抗日战争的胜利起了决定作用，不能轻视，天天赶敌人，不让他安宁，这只能消耗他，有机会就打，打不了大仗打小仗，打不了大的城市，我可以炸他的堡垒、据点，扩大咱们的游击根据地。

政策一元化领导，以武装战斗为中心，开展生产运动，这不叫生产自救吗？减轻群众负担，自己能解决一部分供给，也等于减轻群众负担。老实说，那时候，晋察冀根据地被敌人压迫到山沟里，没粮食，连吃的盐都困难，都是在敌占区。怎么弄来的呀，都是游击队发动群众，能挑的挑，能背的背，这么着来的呀，所以正规部队，应该感谢地方，没有这些，光靠根据地的粮食它供给不了，另外根据地不仅是荒年，就是正常年景，粮食也有限，地少呀，也生产不了多少，主要靠敌占区，敌人占的都是比较产粮的地区，都是在这个地方要粮，我们这个任务，也是很重。我们不仅要负责征收粮，而且也要运输，这个干部战士真是付出了很大的心血呀，一个是押送，动员群众用担挑，送过封锁沟，送到根据地边，根据地能够动员群众有的拿车拉，有的用担挑，送到根据地来，连吃的盐都是这么过来的呀，我们负责这个任务，那确实是做到了，圆满完成上级的任务，就说每一个战士都要背粮，不仅是任务，还是要自己背呀。那时候我们没有背包，也没有办法带，在游击区活动都是老百姓的被子，自己什么也没有，就是一根枪，一点儿子弹，干部照样背，开始我们是运粮，或到根据地去送粮食。回去的时候背什么呢？不是号召生产吗？我们背石头，一军分区出的磨石，再一个就是火石，那时候老百姓买不起火柴呀，主要用火石，一军分区出的火石，背那个，那个重呀，一小袋，一下去以后，到了村里，给他们发发，或者怎么处理，卖多少钱，算多少钱，也是自己挣点生产收入吧。从号召生产以后，我们试验着，那时候我们是最困难的时候，就是伤病员处理，因为隔着封锁沟，有病员或者伤员，好几天都送不过去，闹不好，还让鬼子给截了，我们就下决心在比较好的村庄，那时候搞地道，就在这儿，不动了，开医院，我们自己在当地开了一个小医院，就把这些病号给分散在比较好的村里，实在不行的话，敌人来搜索的话，藏在地道里，就这么着，减轻了我们好多负担。就是有些伤病员呀，以后自己不仅种菜，而且做油，磨香油，打豆油，不仅是供给我们吃，而且一部分还可以给群众，换取我们的粮食，所以聂司令向中央报告的时候，说大生产呀不仅军队可以搞，游击队也可以搞，就是专指的这个。

在定易涞，为什么我高兴？我们这个政治委员，也是个青年学生，他是定易涞的党委书记，叫杨克世，我俩配合得相当好，他有事及时给我交代，我要打仗他积极配合，打好以后，他马上布置地方工作，配合得相当好。否则你打了，他不做群众工作，群众还害怕，怕敌人报复，他不做这个工作，其他工作也开展不了。

我们就是一心把这个日本鬼子打出中国去，保卫家乡，保卫人民，也为亲人复仇。我们这个地方，家家有一部血泪史呀。我的父母都是被敌人害死的，我的父亲被敌人抓了后，一点儿消息都没有，就有的乡亲见了一面，死在什么地方了，抓到什么地方

去了，都不知道。我哥哥被抓，他年轻呀，最后硬是跑出来了。我母亲，那时候也困难，连饿带怕，就这么活活给气死了。

## 怀念战友

我在战争年代一共死了九个警卫员，在抗日战争期间是三个。我的同级，我的副支队长，就是咱们讲的刘万里，他原来是一军分区三团，打小海之后，到我那里当副支队长，一天晚上我跟他谈了一夜，他都睡不着觉，非常伤心呀。他有什么问题呀？因为我了解，他想结婚，那时候结婚条件规定"二五、八、团"，25岁以上、八年军龄、团级干部三条，这三条具备才批准结婚。因为军龄问题，你必须是红军，因为不是红军你够不了八年。像我这样，我这个抗日结束才算八年，不够条件，25岁够了，团级干部够了，八年军龄，我这个副支队长刘万里是江西老表，打仗非常勇敢。那天我给县党委书记说给他介绍一个，已经介绍好了，准备谈这个问题。我说早给你想这个事了，保证你满意。那天，他就把他所有的话给我讲了，一夜没有睡觉，在一个炕上躺着，第二天就战斗，战斗就牺牲了。政治委员叫王强，新城人，结婚第二天就出来参军了，参军就没有回去，可到这儿以后，和新城就隔一条路，那时候局面已经打开了。我说，把我们嫂子接来吧，他也允许了，我就派人去接了，接来刚过了铁路，到了我们这个管辖区，又是一次战斗。本来应该我牺牲的，分工的时候，我说不要脱离我，跟着我走，咱们一块儿走。结果打响以后，他跟我们中队走了，带着另一个支队冲上去了，战斗中牺牲了，差一两天就和他老婆见面了，这就没有见上面。

**魏　轩**

抗战期间任八路军冀东军分区十二团三营五连指导员。

# 三打佐佐木[1]

## 令人发指的潘家峪惨案

1941年,日寇在抗日根据地大"扫荡",环境非常残酷,部队没法活动。敌人非常猖狂,今天出来"扫荡"明天出来围攻。实行了"三光"政策：杀光、抢光、烧光。其实敌人的活动已经达到了令人发指的地步了。到处杀抢烧,很多的村庄都被烧了。好好的房子点一把火,被烧掉了。我记得,大概是1941年1月25日,日军和伪军聚集了好多大炮,就对潘家峪进行了大的屠

---

[1] 即佐佐木二郎,抗日战争时期,日本驻唐山部队指挥官,驻丰润日本顾问,潘家峪惨案的制造者。1942年7月8日,被潘家峪复仇团击毙在迁安甘河槽。

杀活动。一夜之间，他们就用刺刀挑啊！枪挑火烧，手劈刀砍，石头砸等等，一切手段都用上了。潘家峪的群众1000多人都集中到村头那个潘家大院。遭到残杀的有七八十岁的老人，还有三四岁的儿童，甚至还有孕妇，都未能幸免。最后清理的时候，我们统计了一下，一共1230人，给全部杀掉了。当时这个情况，非常残酷，我们非常愤恨，流着眼泪。那么潘家峪这个惨案的刽子手是谁呢？就是日本守备大队的队长叫佐佐木二郎。他的双手沾满了中国人民的鲜血。这个人是非常阴险毒辣，可以说是嗜血成性的野兽。所以当时呀，老百姓都骂他是个杀人魔王，对他是恨之入骨呀。

## 组织复仇团

潘家峪发生这个惨案后，那时候我们冀东有党组织，虽然不健全吧，但是有。再加上十二团的指战员等，也都很快地回到了村庄，掩埋群众受难者。我们看到非常惨呀，群众呀一个大院子都被杀死了。有个女同志呀，怀孕还没有生产的，用刺刀挑了，小孩都挑出来了，非常惨呀。我们就帮着群众把尸体掩埋了。活着的群众，我们又把他们组织起来。统计了一下，潘家峪只剩下不是19个就是21个青少年，最小的只有十五六岁，大的也就是20来岁。我们就把他们组织成一个复仇团。后来发展到了30多人，不光是潘家峪的人了。

这些复仇团的同志呀，看到他们祖祖辈辈生活的这个村子，一夜间就整个地毁了，他们非常愤恨，进行宣誓，一定要血战到底，坚决消灭佐佐木，为自己的亲人报仇。这个部队一建立起来，就是一支直接受我们团指挥的部队，也是一支纪律严明、战斗勇敢的部队，在咱们冀东战场上参加了很多战斗，有很多贡献。

## 一打佐佐木

当时十二团的团长叫陈群，是个老红军。我们二营的营长呢，叫姜四林（音），也是个老红军。姜四林同志这时候接到了团长陈群的一个命令，要求姜四林同志带领我们全营积极地寻找战机，消灭佐佐木，为群众报仇。姜四林同志就天天派人侦察，寻找战机。1941年5月1日，得到一个情报，说敌人从玉田县到丰润县来了。我们就决定把我们营两个连，四连和五连，埋伏到玉田到丰润途经的苏关村、郭关村里。这两个村子是紧挨着的，中间一个小马路穿过。到了"五一"这一天呀，敌人从玉田就沿着路过来了。一个大汽车载着30多个鬼子。等到11点钟，敌人进了埋伏圈。这时候，部队是一声令下，打了起来。有一部分鬼子还没有下汽车，就打掉了。有一部分就转移到一个洼地，进行抵抗。

这个时候，我们营长姜四林同志呢，为了很快地解决战斗，他就带了一支三八大盖，通过一个开阔地，绕到敌人的左侧一个小洼地，要射击敌人。敌人从侧翼飞来了一颗子弹，打入他的胸膛，不幸牺牲了。打了将近一个小时，消灭了敌人。在这次战斗中，我们缴获了九二式重机枪一挺，歪把子轻机枪一挺，步枪20多支，还有其他战利品。因为当时打扫战场也很仓促呀，当时呢，也不知道佐佐木在里边，让他装死逃脱了。等到敌人收尸的时候，他从敌人死尸堆里边爬出来了。这是我们第一次打佐佐木。

## 二打佐佐木

第二次我们打佐佐木是在 1942 年 5 月二十几日吧。我们这时候呢，处在新的形势之下。敌人实行第四次治安强化运动，对冀东进行强化治安。就是敌人采取以动压静的方法，把他们的重兵集中起来，围攻我们的根据地，到处修壕沟、堡垒，三里一个沟，五里一个炮楼，把一个平地，一些村庄，跟大豆腐似的分成一块一块的。一个壕沟是八尺宽，五尺深，使我们的部队没有办法行动。你想呀，三里一个沟，五里地一个炮楼，你部队怎么活动呀？你要是打响了枪，敌人四面八方都来了，你往哪里跑？后来实在是没有办法了，我们的部队就转移到长城以外。1942 年 6 月上旬，才从长城北又转移回来。我们在长城边上，召开了一次誓师大会，李运昌同志在会上做了讲话，说是我们要打回老家去，恢复我们的基本区。战士们一听说要打回老家来，情绪非常高涨。当场就写请战书，要打回来，替这些干部呀、群众呀报仇雪恨。

从口外一回来，就开到基本区了。这时候，我们十二团在曾克林团长的领导下，到了滦县榛子镇杨柳庄，这是滦县榛子镇北边一个老区，也是咱们的根据地。当时我们的部队有一营三连还有复仇团跟着团部，我们二营的四连、五连、六连三个连，驻在了榛子镇以北。团部就驻在南边，我们就驻在张各庄、韩庄等三个村。侦察员向团部就报告了，说侦察到佐佐木在从滦县到沙河的一条公路上呢，抓了 150 辆大车，运东西呢。怎么回事呢？原来榛子镇和杨柳庄都驻着敌人，他们在有青纱帐的时候不敢出来抢粮，抢东西，没有吃的，没有穿的，没有用的了。佐佐木就从滦县到沙河的一条线上，集中了煤、粮食、物资等等，用150辆大车拉着来支援他们。

我们部队呢，没有埋伏好。敌人还没有进入阵地，刚走到榛子镇以东，叫新集的一个地方，敌人先头部队刚到那儿，佐佐木还在后边慢慢地走。这个时候呢，咱们的地方武装开火了。佐佐木非常狡猾，他就前队变成后队，往回走了。又返回到原来出发地点叫沙河驿。后来说追击，领导说别追了，没有用。这次又没有捉住佐佐木。但是呢，把敌人第六集团军军长打瞎了一只眼，这也算一个大的胜利吧。

### 佐佐木钻进了我们的口袋

按过去以往的常规呢，部队应该转移阵地了。但是这次例外。那时候，我是在五连当指导员嘛，也算是个干部吧，就琢磨这事呀，怎么不走了？我和连长在一块儿闲谈，合计着，这次可能要有大仗打了。结果第二天呢，团里向榛子镇据点派出侦察，了解敌人情况。后来侦察员报告说，敌人又从沙河驿那边要出来了。团里下了命令了，一定要歼灭这股敌人。到了11点上下，佐佐木带着180个日本鬼子，带着他委任的治安军六集团，大概是两个营的兵力，又顺着原路，毫无戒备地来了。他以为八路军远走高飞了，不会再有什么动作了。这次他钻到了我们的口袋里头。团部就命令说，来了要主动地出击。因为团部在大庄子，离着有四五里地呢。当时，我们五连在张家庄住，六连住韩庄，我们的营长杨思禄同志命令六连出击消灭敌人，命令我们五连呢，从中间插向敌人。敌人已经走到公路上了，150辆大车，我们正好插在中间。鬼子被分成了几段。我们跟敌人交了手，但

是他们用机枪扫射。冲了几次，冲不进去。公路这边有个高坡，我们就命令我们的二排，还有营部的一个通讯排，占领高地，居高临下，歼灭敌人。占领高地后，我们二排的排长叫李学良，同我们通讯排排长商量了商量，说集中火力打手榴弹，消灭敌人一部分。然后，你在这儿掩护，我们就从这儿下去，跟鬼子打。我们二排长很勇敢，首先打了一个手榴弹，敌人的机枪就打哑了。他一个箭步就跳下去了，他双手就把那个重机枪给抓住了，他手给烫红了。后来我们也跟着跳下去了，进行肉搏了。战士是杀红了眼呀，刺刀不停地刺呀。

## 一仗击毁了敌人三个连

这时候，敌人想要占领南边一个小山坡。我们又指挥我们的三排，把那个山头给占领了。敌人又返回来，又到公路上。我们部队后边这个二排，和我们的一排，又继续纵向发展，也打红了眼了。我们二排的一个战士，十几岁，叫王志，他老远就看到一个鬼子军官从公路旁边出来了。他一个突然刺击，一下子从鬼子胸膛刺进去了。这个小战士还是没有经验呀，他用的是侦察兵的马四环枪呀，皮带吊下来了，这个鬼子军官得了机会了，就用左手把他的皮带给拽住了。他刺也刺不进去，拽也拽不出来。两个人就转圈圈。我又离着他远呀，十五六步吧，我也救不了他。把我急得呀没有办法。后来我就喊王志，你把枪扔在那儿，往回撤，我来接你来了。他没有听见。正在这个时候，鬼子抽出战刀来了，向王志砍去。我一看这个情况，说不行呀，就当机立断，举起三八枪，朝着鬼子军官打了一枪，一下子把他毙倒了。这个时候呢，又从那边来了几个鬼子，向我冲来。我就一跳，就跳到公路边的沟里。这几个鬼子，就冲过去跟别人砍去了。我就又上了公路。一看，公路的旁边，也不知道天热的，还是吓的，还是子弹打干了，有那么七八个鬼子，顺着公路在那儿蹲着，猫着腰，跟落汤鸡似的。哎哟，我说这是干吗呀。杀吧，就跟穿青蛙似的，就这么干掉了七八个。这时候，心里很痛快。我们后边又来了几个战士，就喊我，说指导员，你怎么自己在这儿呢？我说来吧，咱们一块儿。我们的连长，我们的一排，大家就跟上来了，又继续往前边消灭敌人。这个时候，一营的三连，从青纱帐又压过来了，附属团也过来了。这么一打，把这一拨敌人就消灭了。这个时候，4点多了，天空有点云彩升起了，很快暴雨就下来了。脑瓜子也清醒了，一下子劲头又来了，最后进行拼搏，把所有敌人都消灭完了。在这一次战斗当中，我们得了敌人重机枪一挺，歪把子轻机枪六挺，步枪百多支，消灭日本军队180余人，又击退伪治安军，俘虏了他一个连，100多人，击毁了他三个连。

## 佐佐木终于被击毙

战斗结束后，复仇团的这些同志呀，很气愤，非得要找到佐佐木的尸体。大家都分头打扫战场。复仇团的那几个同志们呢，就翻尸体，非常仔细，非常认真。我们正在这儿翻的时候呢，挨着路边的一个战士，那边有几个复仇团的战士，叫了起来，胜利了，佐佐木在这儿呢。大家过去一看，真是佐佐木。当地老百姓都认识他，复仇团的老百姓也认识佐佐木，他脸特别黑，有络腮胡，有大金牙。这个家伙在那里躺着，龇着牙，咧着嘴，旁边呢有一摊血，有一把战刀，是蓝穗战刀。这确定无疑是佐佐木。这个家伙呢，是万人之恨。这一次算是彻底把他消灭了。

## 张 霖

1922年生于山西五台。抗战期间任八路军一二〇师三五八旅七一六团参谋。新中国成立后任国防大学副校长。1988年被授予中将军衔。

# 铁骑转战

### 出师雁门关和收复七城

七七事变以后,一二〇师继一一五师之后,从陕西韩城禹门口过黄河,就到了晋西北,开始就到了神池、宁武一带,一一五师就到了五台、繁峙、平型关那一带,当时正是与敌人开始忻口会战的时候,正面是国民党的部队在忻口那里组织忻口战役,八路军在敌后破坏敌人的行动。

一一五师在平型关消灭敌人后,一二九师七六九团陈锡联那个部队袭击了阳明堡,烧了敌人的飞机。一二〇师的主要活动是在雁门关的两次伏击,敌人从雁北到忻口经常过汽车,运兵运大米运粮食啊，两次雁门关伏击战斗破坏了敌人的整个运输，一次就消灭了100多个敌人，破坏了几百辆汽车。一一五师是消灭了板垣师团一部，一二九师烧了飞机，一二〇师雁门关战斗打击了敌人的运输。

忻口战役结束以后，一二〇师的三五九旅也过来了，一二〇师就进军晋西北，正好我这个时候参军。我记得太原失守以后阎锡山的部队整个都垮了，到处都是散兵啊。一二〇师收了好多散兵啊，三五八旅就活动在山西汾阳那一带。我在三五八旅，所以三五八旅说的事多，我记得第一次配合阎锡山反攻太原，实际上是阎锡山没搞出个名堂来。

1938年3月，敌人开始进攻晋西北，从大同这个方向一下子占领了晋西北七个县城，就是宁武、神池、五寨、偏关（山西忻州）、保德等七个县城，当时晋西北还有国民党的部队，大概是赵承绶的部队，他就没什么抵抗，最后那七个县城全部失守。

一二〇师在那地方集中三五九旅和三五八旅的部队，歼灭岢岚、宁武的日军。我记得第一次三井战斗中牺牲了好多干部，二营的五连连长、五连指导员、六连连长、六连指导员、七连指导员全部牺牲，副营长也牺牲了，打得很厉害啊，最后收回了七座县城。

大概是1938年的春节，晋西北收复七座县城以后，一二〇师部队三五八旅就在五寨这一带休息整顿，大概有一个半月。三五九旅收复了七个县城以后就从那里到了晋东北了。三五八旅在晋西北，就由七一六团团长宋时轮带了一个营组成雁北支队，就在雁北活动一个时期，后来这个部队由宋时轮带到了平西、晋察冀啊，到了平西和邓华组成一支部队，开辟了平西根据地。

## 滑石片战斗，进军晋察冀

三五八旅在整顿期间，七一六团第二次从五寨到雁北活动，在雁北地区打了好几仗。七一五团准备到大青山开辟根据地，大概是七一六团回来了以后，七一五团就到雁北，从大同左云、右玉一带挺进大青山，这以后三五八旅的这两个团就分开了，七一五团上了大青山，七一六团就留在晋西北了。那时候一个旅两个团，当时到了晋西北以后，三五八旅就派了一个连扩大了一个新的部队，新组织了一个团叫七一四团。七一六团和这个新组建的七一四团在五寨那地方。

以后日军进攻延安，我们就从五寨、神池经过岚县就到方山县打击日本人，准备在这个地方侧击。我那会儿在团部当参谋了，大概休息了七八天，情况变了，敌人开始进攻晋察冀，大部队围攻晋察冀，当时我还小，不太懂，反正知道部队就从方山返回来，路过岚县，就到了山西兴县。

我那会儿是见习参谋，我们到了兴县，忻州西边，准备袭击敌人的火车、路，打据点，想把敌人围攻晋察冀的兵力减少点负担，结果没起作用，就是牵不动。当时贺龙、关向应、三五八旅旅长张宗逊、主任张平化、政治委员李井泉，由李井泉带上七一五团到了大青山了。我们七一四团和七一六团夜间就从太原以北通过，现在过个桥很简单啊，那会儿布置警戒侦察敌人什么时候可以过，夜晚悄悄过去。我们两个团到了五台县南边了，很隐蔽，敌人都不知道。

我们要派侦察员到五台，我们在五台南边大概有个三四十里地，准备进攻五台。我是五台人，所以当时团长就派我带了几个侦察员夜晚摸到五台那边去了解情况，参谋长也带着骑兵在外面侦察，结果发现敌人了。敌人从五台出动了一个大队，经过吴村，在五台南边袭击了晋察冀新组织的部队五大队。我们发觉这个情况以后，就分析敌人早晨袭击了五大队，今天夜里或者明天早晨要回去，回去走哪个路线呢？按照规律他一定是走大路，从高洪口到滑石片这距离很近，二三十里地，我们住在白家庄一带，离滑石片四五十里，敌人要不晚上回，要不明天早晨回，如果第二天早晨回，我们走快点可以伏击，如果是晚上回的话，我们走得慢的话，敌人就过去了，走得快一点可能遇到，所以当时部队得到情报后判断敌人一定走这块儿。

所以部队饭也没有吃，饭做好后，放在帽子里头端着走吧，马上就出发了，还下着雨呢。50多里路一直插到那山上，敌人正好就来了，从高洪口正返回来呢。当时二营就把敌人中间插断了，三营从正面攻，一营在后面，一下子把这个大队全部消灭了，当时一个团消灭敌人一个大队那是很不简单的，那会儿日本鬼子是正厉害的时候，敌人大概只跑了30多个人，消灭了500多人。七一四团到五台附近准备打敌人的增援，另外打逃跑的敌人。这就是滑石片战斗。滑石片战斗以后，阎锡山的部队新二师，就驻在阳泉、五台之间，看到我们部队缴获的东西多了，缴获了两门大炮、四门小炮，还有马、衣服，新二师那一看这八路军挺厉害，过去时间不长打了这么一个大仗，缴获了这么多东西，所以我们回到晋西北以后，阎锡山听说我们打了胜仗，把他的后方基地也让给我们住。

这个时候，中共中央正在召开六届六中全会❶，确定的任务是巩固华北，发展华中和华南。敌人正"扫荡"敌后抗日根据地，决定让一二九师从晋东南派部队到晋南，一一五师主力挺进山东，一二〇师由贺龙带着一部分主力挺进冀中，执行三大任务❷。一个任务是帮助晋察冀巩固冀中平原抗日根据地，冀中部队战斗很频繁，敌人大规模"扫荡"怕顶不住，一二〇师在晋西北部队很少，晋西北的人口也很少，所以发展自己，扩大自己，这三个任务。当时一二〇师去了一个主力团，三五八旅七一六团，另外去了一个支队，就是到了晋西北以后新发展的一个独立支队，另带上了一个教导（大队），准备到那里训练干部。七一五团留一个营在大青山，继续在那里坚持开辟大青山根据地，七一五团团长、政治委员带两个营从大青山到冀中。

晋西北那是一二〇师常守的根据地，虽然那里有国民党的部队，可是在那里开辟也不容易啊，所以就把三五八旅的旅部，旅长、政治委员留在那里，新组建的七一四团留在那里，另外把几个游击队组建成两个团，一个独立一团，一个独立二团，还有一个警备六团，都留在晋西北，坚持晋西北抗日根据地。贺龙就带主力走了，贺龙师长就直接带着七一五、七一六团这两个团过去了。因为七一五团在大青山远啊，我们过去打了好几仗以后七一五团才过来。

---

❶ 1938年9月至11月，中共中央召开扩大的六届六中全会，总结了抗战以来的经验教训，确定了党在抗战新阶段的战略任务，即巩固华北、发展华中和华南。
❷ 三大任务：1. 巩固冀中抗日根据地；2. 帮助整顿八路军三纵队；3. 壮大自己。

## 四战四捷，威震冀中

1938年初，我们到了晋察冀边区的峪口村，然后就从阜平走村庄到灵寿这一带，从新乐以南越过平汉铁路，就到了冀中。贺龙、甘泗淇带领部队前往任丘大王果庄，与吕正操等冀中领导人会面，三纵队兼冀中军区就和一二〇师会合了。

再往后一二〇师的师部也会合了。我在七一六团，我们驻在大龙关。这次正赶上日本人第三次围攻冀中，那会儿冀中剩下没几个县城了，我们去了以后不久河间、高阳、任丘也都被占了，这时敌人准备出来，我们就准备打一仗。我们从大龙关来到肃宁县的梁村，正好赶上敌人从河间出来，我们把他顶住了。敌人为了报复，第二天又来了，来了1000多人，又打。这两仗一直把敌人打败了，袭击了河间。

这对冀中群众的振奋啊比较大，因为原来冀中都是新部队，敌人来了就不在了。这老百姓刚开始看见敌人来了就都跑，后来看到我们部队来了，从敌人侧后打，老百姓也回来了，还爬到房顶上看，对群众鼓舞很大。最后老百姓说，这个部队穿得破破烂烂的，穿着草鞋，那是老红军，一看这部队能打。老百姓都很高兴，这连续打了两次，对敌人是个很大的震惊，对老百姓也是很大的振奋，巩固了抗日根据地，稳定了人心，这两仗起了很大的作用。

第四次围攻的时候，我们部队就提出与贺龙和关向应到武强县，武强县北边有个华子城，就在那一块儿，敌人正好在那儿"扫荡"。这会儿也正好赶上七一五团从大青山过来，和师部会合了，七一五团打得很好，把日本人打退了，以后敌人就到冀南

"扫荡"去了。

我们部队返回来，师部就驻在河间这一带，部队就在这儿休整，因为这打了三仗了，而且也伤亡了些人，所以在那儿休整。我们驻的镇离河间30多里路吧，河间的敌人每天都出来，我们派的侦察员在河间每天收集敌人出动的情况，侦察参谋把敌人每天出来干什么、是怎么回事都摸清楚了。我们当时的侦察参谋是个老红军，登记敌人每天出来多少人，从哪个门出来的，到了什么村，干了点什么事，到了半个月这就熟悉了，综合分析，发现了敌人的规律。什么规律呢？就是单日一三五七九到城西来，双日二四六八十呢到城东去，每天出来的时间都是早晨七八点钟，走的路线呢，来时走小路，回去走小路，这么一算呢，两面的村庄都到了，就唯有一个村叫黑马张庄这个村没有到，发现这个情况后就马上跑来跟团长报告。

那时团长是黄新廷，政治委员是廖汉生，回来一报，当时决定部队晚上出发到黑马张庄村打埋伏。悄悄地把部队带到黑马张庄，两个营布置在正面，一个营布置在侧面。天快亮的时候，派侦察员到河间附近，像冀中的老百姓一样穿着长袍子系着腰带，背着粪筐子在那儿附近转悠，看看敌人出不出来。我们那会儿在墙上钻了枪口，没钻透，等敌人来了再钻透，都布置好了。侦察员回来说敌人来了，现在到了什么地方了，很快就到，敌人一到跟前，部队很快就开火了，在黑马张庄战斗一次消灭了一二百人。老百姓说你们别的村不去，怎么知道鬼子到黑马张庄村，所以说这个部队是精兵强将啊。到了冀中四战四捷，曹家庄、大曹村、邢家庄加黑马张庄，这开始四战打得不错，所以一二〇师在冀中就作大贡献了。

## 部队整编和齐会大捷

这是在冀中的初期阶段。打了这几仗以后，我们还继续在河北，没有动，这个敌人第五次围攻还没开始，这个时候就整个稳定下来了。贺龙和旅长们就计划整顿冀中的部队。冀中的反"扫荡"由一二〇师担负，冀中的部队分批到晋察冀去整训，一二〇师主力部队一个团带着一个大队行动，另外一二〇师也要扩大部队啊，一二〇师派了很多干部给冀中，吕正操也给了一二〇师两个支队，独立四支队、独立五支队，一二〇师把这两个支队接手过来，把独立四支队跟七一五团合并为独一旅，独立五支队跟另一个部队合并为独立第二旅。贺龙当时说不是你编给我了，我把独五团编给你，你把自己的部队编一、二、三号，再给个七一五团编给你，这就是说，他自己还当旅长，而且大队变成团，而且主力团归他管，你说他高兴不高兴，自己扩大部队，这样就把两个团组成了两个旅。另外，一二〇师为了配合整个晋察冀的部队开辟冀中抗日根据地，组织了六个支队，从晋西北带来的独立支队除了留个营外，其他的到完县，在冀中一军分区配合战斗。师部警卫营组织了二支队就在大城这一带配合冀中四军分区，另外派了三个连到了大清河以北组织二支队，以后又组织了四支队、五支队，一共组织了六个支队分布在冀中的八个军分区，配合军分区部队开展游击战争，来巩固根据地，一二〇师就展开局面了。

除了打硬仗，稳定人心，另外就是扩大自己的部队。派出支队掩护冀中的部队，补充了这两个旅以后，准备集合在一起开个庆祝大会，独五团就驻在冀中的大城、沧州、河间这一带，师部

带着独二旅来到任丘东南的齐会，准备开大会了，正好赶上敌人开始"扫荡"，这时就发现敌人从沧县集中兵力到河间，一个什么大队800多人从河间出动，开始往任丘这一方面走。

咱们晚上开庆祝会，这就成了作战动员会了，估计敌人要找我们来作战，分析了情况，能活动的敌人大概就这么多，其他据点人数都有限，不起多大作用，主要是这800人作战。我们那会儿有独一旅四个团和独二旅三个团，我们七个团的力量，主力团就两个，就从任丘方面派出独一旅和独二旅部队在那里，敌人如果从那边出来支援的话，你们就阻击。另外把七一六团一个营派到任村，估计敌人非走任村不行。

七一五团在东面，第二天来了，就准备战斗，齐会有一个三营。敌人到了齐会，又是炮火，又是放火烧。反正我们的部队一个营在齐会，我坚持顶住你，其他团在外围，你来进攻我呢，我在外围包围你，搞了两到三天，敌人沉不住气了，最后没办法，就开始撤。撤也不行，让七一五团的部队在路上给他堵住了，开始那些人在齐会突击，一营二营在外头进攻，敌人往南跑，被七一五团给堵住了，敌人调头往东跑，又被独一旅三团给顶住了，最后打了三天围在那地方，出不来进不去，就到树林子里边坟地里，他剩的人也不多了，正好那天晚上准备进攻。那天晚上还刮大风，我们趁着风把敌人消灭了大概七八十人，最后我们不太了解敌人的情况，敌人说那树林子里面埋了很多死人，最后敌人要回来报复呀，他挖那死人坑。敌人真鬼呀，那死人下面是枪，枪下面是炮，这齐会战斗就消灭了敌人700多人，就这么个过程。

## 陈庄战斗

　　齐会战斗以后到了五六月份了，情况缓和一点了。我们原来老是在河间、大城、任丘、高阳、饶阳这个圈圈里面活动，齐会战斗以后又来到肃宁和高阳之间，又驻了一段时间就开始向西南方面去，到博野、蠡县、安平、安国这一带活动去了，就是冀中二军分区。那时候与日本人打仗不多了，打了几个小仗，正好赶上六七月份日本人把所有的河堤都挖了，一片汪洋，都淹了，晚上睡着睡着，起来一看全部都淹了，潴龙河、大清河全都挖了，他想把八路军全淹掉，他想淹我们，但他们的活动也受限制了，所以这就平静了。就在那儿驻着，造船，开始学游泳，这个时候一二〇师就发展得比较大了，三五八旅旅长和政治委员带上部分干部到晋西北来，指挥独一旅、独二旅，一二〇师就带了一个团就是七一六团，另外还指挥六个支队。一二〇师扩大了，就在深县一带配合冀中的部队打掉了张荫梧的部队，前头冀中有个二支队司令员柴恩波叛变了，后来七一五团也把他打掉了。再就是为巩固统一战线也做了很多工作，团结群众，地方工作就说不完了。

　　国民党准备发动第一次反共高潮，准备进攻延安，当时中央就发出命令，在晋察冀的一二〇师三五九旅马上从河北出发去陕甘宁，王震就带着三五九旅回到陕北，以后三五九旅就驻在延安东南，开垦南泥湾，这是1939年从晋察冀回去，那时自力更生啊，开垦南泥湾。

　　贺龙带着三五八旅从冀中回晋察冀，在那地方随时准备新的行动，因为基本完成了巩固冀中抗日根据地、帮助冀中的部

队、自己扩大这三大任务，就回到晋察冀准备待命。如果国民党要进攻，就向晋西北；如果没有这个事，一二〇师就向东北发展。我们返回来到了晋察冀以后，正赶上日本人驻在灵寿、行唐这一带，突然间撤走了，其实敌人撤回去是个假象，夜间敌人带着1000多人，走小路顺着山区偷袭陈庄，把陈庄占了。他占陈庄之前，张平化带着独一旅、独二旅首先到了南北城，在这一带驻，正好贺龙带着七一六团从冀中过来，敌人正好从慈峪这里走小路进了陈庄。陈庄当时有抗大二分校，还有晋察冀后方的人。战斗结束后，贺龙对敌人的大队长说，你们是班门弄斧，八路军这一套多的是，这就是判断啊，你来我这儿了，外头你来不了呀，你还得回去呀，我就用我的部队把你这块儿打掉。你来走这个小路，你（回去）一定不敢走，那路很窄呀，但是我怕你走，我派了较少部队在那里。主力部队来了，独一旅还剩下一团二团再过来，独二旅再加冀中的部队就在陈庄这个地方，说你回去非走大路不行，就把七一六团二团埋伏在陈庄的南北台头，陈庄那个水库边上，这边有个山那边有个山，留个口子，就是为了歼灭他。最后敌人也很鬼，我们晚上老袭击他，到了第二天他撤了，撤了以后开始往南走。我们说是不是敌人走原路回去了，我们又派部队赶快去，敌人藏到树丛后，然后悄悄地又回来了，这样就正面顶住，侧面阻击，打了两天，把他全部消灭了，这就是陈庄战斗。

打死了1000多人，最后打得敌人上五台山，我们就追，上了山顶了，那个时候正好晋察冀一个团在上面又把他压下来，一下子把他全部打掉了。敌人自己认为高明，贺龙说他们是班门弄斧。陈庄战斗打得很漂亮，打了两三天。陈庄战斗完了以后，就在那儿驻下了。我记得七一六团就驻在东岔头、西岔头，准备住一个时期，结果敌人开始"扫荡"了，我们又从那地方出发。敌人首先从北面开始行动，从黄土岭出来，杨成武部队开头打掉了，以后敌人又带了一部分人来增援进行报复，以后聂荣臻就派特务团堵住敌人的后路，最后正面攻不动了，就返回来，最后在黄土岭把阿部规秀打掉了。

## 回师晋西北，保卫陕甘宁

打完以后，敌人就"扫荡"，我们又打城南庄，那是小战斗了。不久阎锡山反共高潮就开始了。因为一二〇师回到晋察冀了，也没有那么多部队了，把六个支队都留在冀中，就剩下独一旅和独二旅了，后来把独二旅又改编成三五八旅了，七一六团和独二旅、四团和五团合并了，叫三五八旅，留在晋西北的那个三五八旅，把教导团团长派回去了，叫彭绍辉，在晋西北的三五八旅那叫彭三五八旅，罗贵波为政治委员，就留在晋西北了，开始叫彭八旅。这边叫张八旅。返回到晋西北以后，不能两个八旅啊，张八旅是老旅了，彭八旅改成独二旅了。

这样子晋西北反共高潮以后，一二〇师师部带着独五团和独一旅首先回晋西北，我们七一六团在北岳打白志沂，消灭了一部分，跑了一部分。我们返回来，三五八旅就驻在南北台头那儿休整一段，那会儿晋西北的部队就是以独二旅为主配合新军把阎锡山从晋西北赶走了，消灭了一部分，晋西北都成了八路军的地方了。我们后头打了白志沂以后回去，因为部队就剩下三五八旅这两个团了，我们在1940年的春天又回到晋西北，在冀中的任务算完成了，我们叫挺进冀中、转战晋察冀、会师晋西北，这就

算完了。再就到1940年的春天，一二〇师三五九旅就到了南泥湾了。

　　1940年回到晋西北以后敌人开始夏季"扫荡"，"扫荡"过程中，我们三五八旅又消灭敌人一个大队，敌人"扫荡"占了岚县以后，我们准备在岚县打仗，把敌人逼走，结果岚县被敌人占领以后，静乐县的敌人五六百人，想配合起来打八路军，我们发现这情况以后呢，就准备敌人返回时打静乐县，我们就到了娄烦这个地方，正赶上敌人回米峪镇，当时三五八旅两个团，加上四团、七一六团两个团，原来预计敌人可能从北边下来或从顺口下来，所以四团走前，七一六团在后尾，正好和敌人碰到，打了两天，把敌人消灭了，沿途消灭敌人好几个大队，像滑石片、齐会、陈庄、米峪镇，这是第四个大队了，一个大队有五六百人。大队消灭后，敌人的"扫荡"主要在兴县，大概到了七八月份打了二十里铺，这就夏季"扫荡"结束了，这中间打了很多小仗啊。

　　七八月份以后开始搞百团大战了，百团大战以正太路为主，以晋冀鲁豫部队为主，加晋察冀部队配合，我们也要袭击敌人牵制敌人。百团大战前两个阶段，第一个阶段我们在静乐县康家会打小仗，搞伏击把敌人打掉。我们八路军那会儿只能打运动战，敌人有据点啊，敌人有碉堡，咱们什么也没有，用步枪能打下来吗，所以百团大战除了把康家会，把敌人的据点突然袭击了打掉以外，把敌人增援的三四十人袭击埋伏打掉以外，其他的地方打据点一个也没打下来，所以百团大战仗打得不少，但我们都是打野战，敌人在据点里。敌人出来我们就袭击敌人的汽车，敌人"扫荡"我们就到敌人的后方活动。

那年冬天敌人在晋西北大"扫荡",敌人也学八路军那一套动作,敌人从岚县等地方都撤退,我们的部队从外线转到内线来,转到兴县来,结果敌人很鬼,他撤的部队坐着车走了,但最后他留了一个部队,留着部队隐蔽埋伏在这儿附近,你走到哪里他就屁股后面跟到哪里,第二天早上打响了,打响了我们就转,哎第二天他又来了,最后他把我们赶到他们的包围圈里头,我们到那儿敌人又来了,四面都是敌人,打了一整天,晚上才突围出来。日本鬼子他研究八路军的作战方式,最后我们截获了敌人的命令,出发从张庄、王庄、李庄、杨庄又回到张庄什么的,看到他的命令实际上他又回来了,他也是一套游击战啊,这是1941年冬到1942年春,这个战斗到1942年的秋天,敌人不知道怎么得到的假情报,他的大队从岚县出来,突然之间隐蔽在一个山沟里面,待了两三天以后又突然行动,袭击一二〇师师部,在兴县啊,结果发现我们撤走了。敌人这个主力军出来了500多人啊,这会儿七一六团两个营扛粮去了,那会儿粮食没有啊,得到敌后区扛粮啊,剩下部队加上独一旅会合起来,最后把这个大队又消灭掉了,前后消灭了五个大队啊,这是其中之一,这是1942年。

  1943年,我们从兴县转到临县这里,独一旅本来在临县,四军分区。陕甘宁情况很紧张,第一次三五九旅到了南泥湾,把七一五团调过黄河去了。第二次又把独一旅二团调过去了,那四军分区没部队了,所以三军分区把三五八旅调到四军分区去了,然后我们从兴县到了临县,这是1943年春天。到了1943年7月,蒋介石又准备进攻陕甘宁,我们大概调了三四个旅,从晋察冀调了个教导二旅,那是邓华带队的,从晋冀鲁豫调了个教一旅,是杨得志、苏振华带的,从山东调了个新四旅,从晋西北调

的三五八旅。

  我们这几个旅第二年又到了陕甘宁，就是延安，南边是甘泉，左边是南泥湾三五九旅，右边是三五八旅，1943年7月到1945年7月，这两年时间大练兵、开荒、种地，待了两年，1945年日本快投降的时候，我们又从陕甘宁回到晋西北。我们走到半路上，日本宣布投降了，这就是回到晋西北以后开始解放战争的事了，这抗战的过程就是这样。

  三五九旅是1944年南下的，三五八旅就是保卫陕甘宁然后又回到晋西北。三五八旅从晋西北走了以后，这里又组织了独三旅，这是整个留在晋西北的部队。以后冀中的部队不多了，中央调整吕正操的部队，冀中"五一大扫荡"以后吕正操突围出来，部队留在晋察冀没有回去，所以叫吕正操带了五六个小团就到了晋西北。晋西北的部队多了，贺龙就当了陕甘宁边区联防司令员，吕正操过来接替贺龙当了晋绥军区司令员，带了几个小团，后来吕正操又带上他的两个大团到东北去了，这段就结束了，这是全过程。

**陈泽民**

1915年生于河北博野。抗战期间历任八路军一二〇师三五八旅七一六团供给处股长、主任。新中国成立后历任青海省财经委员会副主任、省统计局局长、省劳动局局长、省公安厅副厅长等职。2009年去世。

## 一位八路军"粮草官"的生死回忆

### 成为一二〇师的一名"粮草官"

滑石片战斗以后,一二〇师在1939年元月1日到了冀中,我是在一二〇师三五八旅七一六团供给处参加工作的。不用说谁都知道,一二〇师师长贺龙,政治委员关向应,政治部主任甘泗淇,参谋长周士第;三五八旅旅长张宗逊。我参加这个七一六团,原来团长那是贺炳炎,他是红二师的师长。由于编成八路军他们缩了,一个整师改成团了,廖汉生是政治委员。我去了以后,他们正在交接,黄新廷当了团长,贺炳炎、余秋里另有分配,廖汉生还是七一六团的政治委员。我到了供给处,历任供给

处的文书、会计、股长，股长我做了两次，一个是军实股长，管军械管服装，后来就做的财政股长了。财政股长以后就是副主任、主任。这是我在部队上的职务。虽然这是个小小的文官，但是供给处，供给方面接触的事比较多，上到师，下到连队，甚至于班，都得要有供给工作。

  第一次供给人员工作会议，我参加了。一二〇师的师供给部长是陈希云，以后当了粮食部副部长。这个副部长叫赵熔，这是个才子，对经济工作相当熟练，我为什么点一下呢？部队经济工作不像过去红军的时候，那时候比较不正规，改成八路军以后就比较正规了。像供给工作这个东西呢，要有一套严格的粮秣财政制度，不然的话你到那随便吃粮，到那随便要钱嘛，那不行！那时候上面供给的主要是蒋介石那边发饷，包括粮食、钱、军械、服装都在内。他这发饷是发饷，但是有远近亲疏。谁都知道蒋介石对他的嫡系部队那是按时发，对杂牌军队是支应支应；对八路军更不用说，那是他的仇人，他恨呢，所以他就卡着供应。比方说，我到了七一六团，那时候从山西打了几仗以后，山西地方部队参加的人也很多，俘虏的阎锡山的兵也不少，所以一下子扩充了3000人一个团，在这种情况下，实际只发1000个人的饷，它按国民革命军那个，他说是800人算一个小团，1000人算一个大团，这都是供给部长给我们说的。他说，我们在这非常时期，虽然"中央"说是给发饷，实际上是卡得很紧，只有靠我们自己自力更生去解决，所以同志们必须要准备吃苦。再一个就是做这个后勤工作呀，不是那么简单，很复杂。虽然有些人认为拿枪的人打天下，实际上不拿枪的人也是非常艰苦的，从古到今有一句话，"兵马未动，粮草先行"，战士不能饿着肚子打仗，发饷就是发钱呐，军械服装我们都要管。他还举例说，你像你们六团，那三个人只给发一个人的，这就是困难呐，要靠咱们自己来想办法吧。比方吃粮，我们采取跟地方交涉，用征粮的办法。发饷不足，哪能发就发了，不能发的就不发吧，叫作勒紧裤腰带过日子，还交代做供给工作的人员要任劳任怨。

那时候招一个新兵给一块大洋，这就算你来了，见面礼。我当新兵给的一块大洋，保存了很长时间。到晋察冀边区，我碰到了我一个堂弟，我们同时当兵的，他病了，连点吃的都没有，我把这一块大洋给我这兄弟。我说，你买点吃的吧。他在特务团的炮兵连当战士，我们晚上在一块集合，正好供给处、炮兵连行军作战都在一块，他由于有骡马，有笨重东西。我说，特务团的炮兵连我有一个弟弟，我听说在这儿，问问行吗？一问问着了，说我弟弟病着，还在院子里的草堆里躺着呢。哎哟，我去了一看，我说这样子可怜，于是我把我当兵的一块钱给了他，所以说那时是很可怜的。

所以这供给部长讲了以后，大家思想上有了底了，准备吃苦耐劳。再一个他讲了要注重群众纪律，后勤人员接触群众多，由于要粮要草、要吃的、要喝的，都得要经过老乡，你不讲纪律的话，那群众怎么拥护你呢？

我为什么开始就能参加供给工作呢？因为1937年以后，地方上成立抗日动员委员会我也参加了，县游击大队我也参加了。由于我过去搞过村务，当过小学校长，县游击大队让我搞的军需工作。没去一二〇师以前，我就在县游击大队军用代办所。我们博野县是一个专署所在地，安国、博野、蠡县、安平这几个县都由专署管，专员叫袁拙农（音），我们都认识。一说一二〇师要

来，这个供给工作就是个大事情，所以每个县都成立了军用代办所，军用代办所离我家10里路，叫庄窝头村，我就在那个地方帮助工作。在帮助工作的过程中，认识了七一六团的粮秣股长，那个供给处分好多股，财政股、粮秣股、军实股、军械股，还有运输队。粮秣股是负责供应粮食的，他就在地方上要粮呢。这个粮秣股长叫柴崇山，山西人。他见我给开条子，算粮秣账，发了证给他们，见我写字还可以，打算盘也可以，就说你这个手还真是不简单，我部队上缺一个粮秣会计，你能跟我去吗？我说我早想参加正规军了。这思想上是这样子的，那时候打仗呀，不知道是怎么回事，但是抗日这个问题思想上明确，无论如何我们国家民族的敌人来了，我们不能当亡国奴，这个决心是有的，因此早就想参加个正规部队。我说那好，我把这部分工作交代了以后，就到七一六团去，我就这么到的部队。

### 一二〇师掀起了冀中抗日的热潮

冀中这个地方，是一个非常好的地方，有50多个县，800多万人口，包括北宁路以南，沧石路以北，平汉路以东，津浦路以西，这么一大片地方，当时司令员是吕正操。

我在家的那时候，吕正操就过去了，成立了冀中军区军政委员会。一二〇师先到的晋察冀边区见了聂荣臻司令员，贺龙见了聂司令员，两个人还说笑话，说你来了，你要到冀中这可是个好事，冀中有好多优越条件呀，叫做华北的粮仓啊，你到那个地方，人员也稠密，这可是你扩兵的好机会呀！两个人哈哈大笑。那我就不客气了，贺龙说，那我这个部队得到扩充这是个很大的事情。聂荣臻就给贺龙讲，第一，你要开展冀中广大平原的抗日游击战。第二,你要把杂牌军队,地方上这个大队那个大队,冀中区这个司令多如牛毛,谁都是司令,拉起部队来,几百人也是司令啊,那名堂多得很。什么华北抗日游击队,什么第五路军,什么新八路,新八路他的臂章是一个阿拉伯数字的"8",老八路是这个"八",他那是这个"8"。说要收编了这个呀,那就不得了的。贺龙就这样子到了冀中军区。

1939年大体是元月份到了冀中河间府,那时候叫河间县。河间县有一个惠伯口村,贺龙跟吕正操见面,两个人一见如故。那时候他的政治委员是程子华,地方上这一块是黄敬。吕正操在这个地方觉着势单力薄,看到一二〇师过来当然很欢迎。

两个人商量了以后,开一个军民联欢会。军民联欢会万人参加呀,这个大会开得很好,鼓舞人心。搭了大棚,是用席子搭起来的棚,搭起棚来以后搭了个台子。吕正操主持会议,讲了几句话以后,请贺龙师长讲话。贺师长讲话说,同志们,老乡们,日本鬼子不可怕,他比我们高不了多少,谁都知道日本鬼子矮。大家都笑,很有趣味。他接着就讲我们势力很大,我们的兵比他多,我们有群众支持,讲了几个有利条件。我们地理熟,特别是冀中区的老乡们,给我们做了好多有益于作战的工作,比方说挖地沟,这个村子跟那个村子、这个县跟那个县,都挖六七尺宽的大沟,两面都是,这个沟挖出来的土就像小山似的一条一条的,这虽然说是平原,却弄成山地战了,这家伙可是好的事情。像拆城墙,把这个敌人能利用的东西都弄掉,再就是坚壁清野,这些工作都是我们打败日本的基础,所以我们有这么多有利条件。还有一条特别重要就是群众给我们通风报信,他不给敌人通风报信;如果说给他通风报信,通风报信是假的,给他个假情

报。你想小孩都插上鸡毛送鸡毛信，为什么插鸡毛呢？鸡毛是代表风似的很快就要送到。在游击大队那时就是你要接上个三角包，再插上一根鸡毛，交给儿童团，儿童团赶快跑，就给你寄信去了。离我那个庄子20里路是蠡县，蠡县城那是砖城，明朝修的砖城，那坚固得很，把它拆掉，五天五宿拆掉这个城墙，敌人他就没办法。坚壁清野，凡是敌占区守着近的五里以内粮食都没有，饿死他。像这些有利条件，贺师长他都掌握了。所以一说，大家情绪都很高。强将鼓舞三军志，劲师振奋万人心。这个劲师就是一二〇师，他一来冀中军区人民掀起了抗日热潮。有人的出人，有枪的出枪，有粮的出粮，这个样子把冀中抗日情绪搞得轰轰烈烈。

　　为了保密，不说是八路军一二〇师过来了，起的番号，当时师部起的是西北部，旅部是利亚部，七一六团起的亚六团，七一五团是亚五团。亚五、亚六，现在冀中70多岁以上的老人都记得，甚至于再年轻点的也记得，就是一说亚五、亚六，谁都知道那是硬仗，净打硬仗的部队，我待的那个团就是亚六团。驻防的地方离我们村三四里路，所以我还经常到家去看一看。老乡们就对一二〇师非常有印象，一说贺龙谁都知道。正赶上那年发大水了，这是1939年，他们一月去的，打了好多仗，结果是到了七八月就发大水了，两道河，一道大清河，一道潴龙河，水一泛滥，遍地汪洋。这说起来，对敌不利，对我们有利。这个有两道堤，所以形成在这个地方能够长时间整训。在这以前，打了好多仗，比方说第一仗是大曹村战斗，第二仗是黑马张庄战斗，第三大仗是有名的齐会大战，第四个战斗是刘村战斗，这我都亲自经历了。

## 亲历齐会战斗

　　齐会战斗打得好，这仗越打越大，原因是敌人吉田大佐等从河间来了800多人，他原来还没有估计到咱们是主力军，以为是县游击队什么的，说齐会有游击大队，所以他就包围来了。这时候贺师长就说，以七一六团的三营为主，要开到齐会。这齐会村是大村呐，砖房也很多，地理条件也很好，当时就商量让三营打，三营从来就是打硬仗的，包括他那连长有好几个我都认识。王祥发这个营长是个相当强的营长，当时把任务就交给他了，他当时就领了这个任务。贺炳炎、廖汉生、黄新廷就跟他说，可能敌人把你包围起来，但是你不要怕，我们四面围攻着，将来形成这么一个局势，使他内外受敌。商量好了以后，王祥发就进了这个村子。敌人还以为是一个游击大队，结果他就包围了这个村子。

　　打得很残酷，打了半天一夜的工夫。敌人的炮火是厉害的，王祥发同志受伤了，把腿给打断了，但还继续指挥战斗，他自己拿绑带捆上，把腿缠上，那流血哇！就这样的硬骨头。以后实在不行了，这才把他抬下来。在这个过程，让谁接替他的职务呢？十连连长张树芝，这个张树芝跟我很熟的，后来张树芝是亚六团的副团长，他老婆在延安那时候，我（那时是财政股长）把她吸收来给我财政股当会计来着。由张树芝接替王祥发继续指挥战斗，如果说再没有支援部队进来，这个营实在是难以支撑，所以接着就从南面北面派了两个连攻进去，再下来咱们四面包围。就是说成了敌人包围我们，我们又包围敌人这么个战斗，很残酷啊。在这种情况下吉田觉着力不从心了，他吃不住劲了，就

赶快呼援。飞机来了，接着他们在炮火中施放烟幕弹，就是毒瓦斯，使贺龙都中毒了。那时贺龙中了毒后赶快拿湿毛巾堵住嘴，毒气来了都是要喊着拿毛巾，没有毛巾就把自己的袜子脱下来，或者把帽子尿上泡尿，捂上嘴，这么战斗。

所以这个战斗很残酷，虽然残酷，代价是值得的。消灭了敌人多少呢？敌人是800多人出来，就剩了80多人在飞机掩护下逃回河间去了。这个战斗大体上就是这样子的。

王祥发受了伤，弄下来以后，那时候白求恩所在地离这儿有五六公里的路，叫板桥村。在那个地方设了一个救急所，白求恩就在那个地方救治伤员。以后这个地方炮火连天，才转到晋察冀边区阜平，白求恩亲自为咱们一二〇师的伤员115人做了手术。我们那个团有个人叫张乱，当时把肠子打断了，还接了肠子。以后白求恩因为划破了手，受感染牺牲了，实在令人惋惜。

## "老财主"捐布做军衣

三里五乡的人们就问我，说你们八路军脖子上戴的是什么家伙？怎么好好的又不拉车，戴上一个缨子，缨子就叫"各拉"，河北的土话叫"各拉"，说这八路军真可怜！那个马、骡子拉车它为了不拉肩膀戴上一个"各拉"，它不是一个夹板这么套上，这样子的。八路军戴的这个玩意，是米袋子，那么粗，套在脖子上。由于你战前光靠运输不行呀，每一个人要戴一个米袋子，这里头装小米，该吃饭了的时候，大师傅就收米袋子，他要一条，这样下了锅的时候就做干饭吃。这些米袋子随身带着。自己带着吃的这才行了，你临时运输去是不行。在这过程中大家都看到，哎呀，真可怜！身上带着粮食，再加上一个手榴弹，还有一个大枪,所以战士们相当苦。冀中是平原,它这个地方富裕,当时老百姓自己不吃也得让八路军吃,打了这么多好仗,是这样子的,所以冀中人对一二〇师那是相当怀念的。可是发了大水交通不方便,在这个过程中呢,老乡也这么说,说贺龙过来了,他打了这么多漂亮仗,可能啊他是天上的龙下来了,把水都给带来了,哎呀,我们这发了大水就是贺龙的原因。到现在冀中人也忘不了贺龙将军。

在冀中这么打仗,来回地走,往往是白天打了仗,这一夜就不知八路军哪儿去了,这个游击战哪就是那样子的。当时那个情况下,还是按毛主席那个关于游击战的那几句话吧,敌进我退,你的火力好,我不给你硬拼;敌驻我扰,你敌人驻下来我弄小队骚扰你,不让你睡好觉,使你疲劳;敌疲我打,我搞得你疲劳了,我打你;敌退我追。在冀中的时候这个起了很大作用哇,所以战役战术思想是非常重要的。在这个情况下,战士们只有一套衣服,就说这夏天光出汗就出多少。所以你看那衣服,连我那时候衣服也都是碱粑,它出了汗这一套衣服又没衬衣,一套衣服都是汗碱。那好在发了大水了,人们浆洗方便,可是这个也不行啊,到哪儿换服装去呢,那时候服装没办法解决。

离我们一二〇师驻地二三十里路蠡县一个村子,叫南庄村,这个村里有个"老财"。我们在家那时就知道,他家里有房屋有护院的,据说还有迫击炮,他那个老财呀,主要是从事布匹、绸缎经营,那时河北大部分地区都知道这样一个"老财"。以前跟他交涉,他觉着他有办法,你们打不了我,赶最后他一看,八路军打了好几个胜仗。他没办法,这个我能惹得起吗?经晓以大义,这个"老财"捐出来好多布。他那个地下室有六七间呐,我

们军需员们去了，进到他的地下室，有七八间房光是布。像北平、天津、保定都有他们的网点，卖绸缎，也卖布匹。那时候传说，北平有个瑞蚨祥，据说还是他的掌柜的了，天津有些大布店也是他的，我们就驮了他好多。那时候虽然发了水，顺着堤走，顺着这个堤离他村子就不远了，到那个地方把这个布拿骡子驮回来。白布不能穿不是，怎么办呢？冀中槐树很多，有很粗的槐树，这槐树有槐花，槐籽槐花弄下来以后，弄个大锅，那个颜色是绿的，把这个白布弄到那个里头，一染就成了绿衣服，这家伙倒好看，它像青纱帐，对隐蔽也有好处。你想，要插上树枝，戴上帽子，再加上绿衣服，这家伙很好，作为这个隐蔽好得很，所以缝制了好多衣服。我为什么说这个呢？这些好多事，都是后勤人员的事情。下来以后就是缝制，凡是镇子里头都有点缝纫机，动员起来，找老乡聘请老乡，部队上也自己学习，你像我们军实股长，他们就要学裁剪，裁剪衣服，分大中小三号，谁穿都可以，就这样子缝制衣服。动员做鞋，那鞋是个问题呀。在冀中问题不大，它是土地，以后到山区，那个鞋子就成问题了。做鞋，跟地方这个后勤人员，妇救会，什么农会、青救会、儿童团，都得要联系好。他们都能做好多事情，动员起来给军队做衣服，就解决了大问题。所以，要离开这个地方啊，这个群众呀，有的真是流泪呀，那你在这个村里住过几天后，感情有了，真不愿意走。

但是没办法呀，为什么要走呀？阎锡山捣蛋，冀中打仗打得好好的，那三项任务基本上完成，开展游击战争，编制杂牌军队，以后就是扩充自己的力量。来的时候千八百人，从山西过来，扩了2000人，现在你看多少了，增加了一个旅还多，增加了1万多人，总起来算是近两万二，至少是扩充了15000人，浩浩荡荡。这个阎锡山捣蛋，旧军打新军。阎锡山的部队叫旧军，我们新成立的新军，决死纵队，就是薄一波他们带领的那些部队，才成立起来。阎锡山也是想消灭你在萌芽状态，叫你还没起到作用的时候，我就先消灭你，他就要打新军。贺龙接到命令赶快回到山西去，这样子就脱离冀中。

## 陈庄战斗

没回到山西以前，因为敌人要进攻晋察冀边区，一二〇师在晋察冀边区还待了一段。在晋察冀边区有一个大仗叫陈庄战斗。那800多户人家，好几千人口的一个庄子，那个地方打了好几个仗。陈庄战斗接下来慈峪战斗，慈峪战斗下来是城南庄战斗，这三个战斗我都经历过。其中特别是陈庄战斗，把敌人打得没办法，他救援的人员、救援的飞机来了，救援飞机来了扔的都是吃的，饼干、罐头、纸烟。陈庄战斗消灭它好几百人，这个日本鬼子的尸首都没顾得上搬，打扫战场的时候见到一个大麻袋，麻袋打开以后上面写着"武运长久，大和灵魂"。打开一看，净是鬼子的右手，为什么？他这是运尸来不及，要把这些右手运回去，还对指纹，辨别清楚是什么人。这个可是我亲身经历的，因为我们打仗的时候守着敌人近，扔下来的东西都是我们的，一个箱子一个箱子的，饼干、罐头、纸烟，人们说这家伙开洋荤了，从来没抽过这么好的纸烟。那个日本纸烟好抽，"顶球"牌的纸烟。大家还吃了饼干。

边区军民对八路军也很留恋呢，拿出红枣、黑枣、核桃、花生，这些山里的柿子，这些山里的东西，可是这个地方缺粮，吃

砂子米。我们后勤人员跟当地要了小米，你看着是小米，很重，它里面有小砂子。山地里面弄不了一块好场，打粮食的好场，里面有砂子，小米里面有砂子，当地人就说"三年吃一个碌碡"。后勤人员就想办法，用水瓢，用铜瓢最好，来水那么一透，这米上去了，砂子都沉了底了，你这一铜瓢米啊，就有这么一把砂子，基本是这样的。

　　再就是你征粮，在那个地方征不到多少，那么多部队没办法，有的那个麦子也没办法磨成面，有点儿麦子，就吃囫囵麦子，吃了那个东西，好多人拉稀屎。这时候后勤人员相当吃苦的，在山地住几天，在河北征的那个鞋，那就是用线缝的那个鞋，穿几天就烂了，那没办法，就给当地动员这个麻绳子，南方人会打草鞋，教我们打草鞋，我也学会了打草鞋，好多人都学打草鞋。开始穿不习惯，以后慢慢穿习惯了。那时候穿冀中那个鞋子走山路，净石头子，扎得脚净起大泡，起手指蛋那么大的泡。老红军有办法，说起了泡，你那么一扎，扎了，这水流出来了，可是，你再走路它又长起来了，再一个不能走路，痛得很。这怎么办呢？人家红军有办法，你把这针或者是铁丝，你拿来这个油灯，那时候主要是麻油灯，麻油灯把这个铁丝、这个大针烧红了，穿穿这个泡，一穿，它那烧的那个眼弥不住，你要是光拿针扎的那个眼不行，它就又糊住了，你拿这个它就行，再一个你扎了以后，它贴到那人肉上了，贴到肉上你拿铁丝啊，烧红了那个铁丝，忍着疼你烫它一家伙，它再不起来了，就这样子。我这个脚上，我穿的都是那个布底，软布底鞋，也得这么办啊。扎了，就这样，它痛就那么一下子，但是你再走路就没事了。在边区这个粮食供应啊是个问题，穿鞋是个问题，这也是后勤人员在地方上动员解决这个问题。

## 夜过同蒲路，与阎锡山交手

过太行山啊，我记得清清楚楚，太行山再往西就是同蒲路，离同蒲路不远有一个炮楼，白天不能过。当时是9月底，爬太行山的时候，傍黑天往上爬，爬到12点才到山顶，那山顶上有好多人家，到了山顶稍微休息了一下，就下山，就埋伏到山坡底下了，不能往前走了。因为它不远就是同蒲路，白天你哪敢过呀，过那是会吃亏的。再一个咱有任务哇，不是打仗的任务，就是救援晋西北，救援旧军打新军的任务，这是主要的。因此，就埋伏在这个山边上，都是草哇，都是这么深的草，这部队趴在那草里头待一夜。半夜到的，趴在草里头又整整待了一天，傍黑天，过铁路。

过铁路哇，这个冀中才参加部队的新兵，他有点怕。那过铁路一个跟上一个，也不能掉队，哗啦哗啦，还能没声啊，那不远十里八里就有岗楼，日本人不知道哇，就乱打枪，这一打枪新兵就心惊胆跳。像黄新廷、余秋里、廖汉生他们都知道，新扩来的兵，他怕这时候一打枪减员哪，跑哇，怎么办呢？他们怎么办呢，不远站上一个首长，在铁路道口，像黄新廷他们、余秋里他们都到铁轨上倒背着手，这么待着。啊，他这么一待，啊，团长、政治委员都在这呢，这怕什么，谁也不胆小。过去了以后，我们驻的第一个宿营地就是新屯堡，住了一夜吃什么呢？到了那边吃什么呢，莜麦面、莜麦饭。在河北的大师傅不会做这个，蒸窝窝头，看着莜麦面蒸熟了做窝窝头。这吃了不习惯，拉稀呀，我吃了一个窝窝头，整整拉了两天，就是不习惯这个，这好

多拉肚子的，你行着行着军时，他就拉肚子，这是第一天。第二天就到了白文镇，到晋西北啦。这就住下来，稍微休息了一天，就开始打仗了，跟阎锡山就打起来了。

长话短说，打了十几个仗。阎锡山那个兵，我们八路军管他叫什么兵呢，叫豆腐兵，他搁不住打，他武器也不怎么强，他就是个六五步枪，他自己造的。我们打一仗扩大一回，他那个兵我们俘虏过来好多，一训练就成了我们的人了。这一教育很容易解决，为什么呢？苦大仇深呢，拿这个一教育就解决问题。你给阎锡山干，他是什么人呢？所以部队更好了，人多了，可是后勤人员就更忙了，粮食怎么办？晋西北跟冀中不一样，冀中那里粮食多得很，到山西这个穷山僻野那是不行呀，再加上我们刚从冀中过来。

把阎锡山反正是消灭得差不多了，这部队喘点儿气了。可是日本鬼子占了好多县城，在这种情况下，这个就穿插着战斗，又是日本鬼子，又是跟阎锡山，阎锡山没什么事了，主要是跟日本鬼子又打了起来了。一直在白文镇住了大概有一个多月，这时候呢，山西扩充的部队不少，再加上河北扩充的部队，这个人心动荡，就是说军心有些不稳。为什么呢？河北人不想家了，他反正过来了，没事了。这个山西扩充的新兵开始想家。贺龙在白文镇召开了一个军人大会，也是贺师长讲话，鼓励战斗的士气，怎么跟日本再战，除了鼓舞士气的战斗话语以外，为了巩固部队，贺龙说了个笑话，说同志们在冀中的时候，你们记得吗？山西人多，我们过去到冀中，那时候是"山药蛋巩固红薯"，管河北人叫"红薯"，现在我们又到山西来了，到山西我们是"红薯巩固山药蛋"了。你看，大家哈哈一笑，这样子的大会一开啊，军心趋于稳定，就好多了。

## 康家会伏击战

到1940年8月这个时候，就开展百团大战。这个事情毛主席是交给彭德怀了。首先是切断同蒲路，要给敌人一个打击。这百团大战一直打到1941年1月底。一二〇师三五八旅七一六团有几个战斗我参加了，第一个战斗，叫作康家会伏击战。敌人从山西静乐县出发，我们在半路康家会这个地方设了一个埋伏，两边山当中是路，敌人三辆汽车一个小队。当敌人到了射程50米才响枪，一下子就把它吃掉了，烧了它三辆汽车，得了一挺九二式重机枪，这个重机枪好，这一营得的，一营就要了这支九二式重机枪了，日本最好的重机枪，还有几挺歪把子，还有一些步枪。我们这个战斗打了一个半钟头，把日本人大部分打死了，俘虏了几个，俘虏了一个小队长，叫村佐，两个战士拿着枪押着他走，他不服，他不走。战士们要打他，敌工干事说不能打，我们不能够伤害俘虏。这小队长说什么呢？你们不算人，敌工干事翻译过来，就这话。"你们为什么不明着干？你们为什么打伏击？这不算英雄好汉！"就是这个。有一个战士搀他起来，他拿皮鞋踢他。这敌工干事说有政策，我们回去了教育，你们谁也不要干涉，把这个小队长弄走了。

我们忙着收拾这些战利品，后勤人员平时也好战时也好，不能说在后头待着，打了胜仗了，你这个东西都不能丢掉哇，你就得收回来，所以我们就去收容。这时，我带着五六个人做收容工作，这汽车烧了觉得可惜，那你也得烧哇，泼上汽油就着了，但是这枪我们要拿回去，就是这样子。部队打了仗，后勤人员必须

把这些东西收拾好，有些东西，咱们也用不上，有些东西我们弄不了，没有人啊。我就跟七一六团卫生队长林茂说弄不了这个东西，这怎么办呢？他说没有关系，让咱们担架队抬，反正咱们没怎么伤人，就死了一个人，叫魏广芝，一营教导员，打仗很勇敢，做政治工作也有一套。这战斗快结束时，他还要望一望，一个飞子飞来打中了他，很可惜。

### 林洪奎误伤老大娘之后

第二仗接着就是丰润（属山西静乐县）战斗。敌人钻到石洞里头，有五六十个人。我们把外围扫清了，这石洞里仍有五个人，没办法。那时候啊，由于是百团大战，这个笨重家伙啊带得少，当时也不在跟前，要有机关炮就好了，机关炮一下子就弄成了。

说到这儿不能不说说武器，那时候咱们最大的武器是山炮。山炮谁给过呀，苏联给过。再下来机关炮，有两门机关炮，这一二〇师那时候到冀中去带着四门山炮，两门机关炮，成立了一个炮兵营，得了敌人一些东西，比如滑石片战斗也得了山炮了，这就组成了一个炮兵团。这个机关炮专门是打攻坚战的，比如这墙壁它平射，这个弹头出去了它平射可以攻坚，像石头等。丰润战斗那时候如果有一门机关炮就好了，这没办法。丰润战斗还有个插曲，我也随便说一下子。离着这打仗的地方十来里路，有个叫草城村的庄子，我们后勤人员就住在这草城，部队不打仗了，在草城这地方休息一下。这个团直属队跟着的部队叫特务连，要跟着一个通信连，一个特务连。这特务连跟着，特务连有一个战士叫林洪奎，他是我们村里的一个人，我们同时参加部队的，他打死个人，他怎么打死的呢？战斗结束了，他在一个房子里休息，房东老太太啊忙着给八路烧开水。这老太太看水快开了，拿水瓢勺将开水往大碗里倒，给人们喝，并说打仗下来了，你们不渴呀？就给你们舀水喝，家家户户都是这样子，老百姓给烧水啊。军民关系相当密切。嘿！林洪奎这个战士，在这窑洞阁台里点上灯，里头屋灯能照亮，外头屋里也能照亮，这时天还黑着咧，还没亮，他就点着灯，里面都能照明。这林洪奎借着这个灯光，在那看得来的一个三八大盖，他爱护枪，他这么着擦枪呢，里头有个子弹，"砰"一声，把个老太太给打死了，就这么打死的。你看惹这么个祸，群众影响相当坏了，林洪奎干了这么个事。这要按说是误伤，他不是真的打老百姓，老百姓理解这个问题。当时特务连的连长是周忠甲，以后是湖北省的军区副司令员，马上就把林洪奎捆起来了，捆起来以后在街上游街。周忠甲命令拿擦枪布，给他做了孝帽戴着、捆着、绑着，戴着孝帽，在街上游，老百姓以为是要杀，不能杀啊！他是误伤啊，不能杀他呀！他不是故意的。接着就把老太太埋了，埋了以后哇，这连长带着些战士，都在那儿鞠躬。这林洪奎就在那儿跪着磕头，还流着泪，大家都流泪。这是一个很重要的军民关系，所以，虽然死了一个人，老百姓没怨言。老百姓说，这军队真是好。走的时候都是五花大绑地捆着，出了村才把他解开。那时候部队呀，要没有严格的纪律是不能服众的，我就是补充这么一个插曲。

### 在我旁边，仲崇山被飞机炸烂了

第三战就是二马营战斗。山西汾河沟里头，有一条峡谷三个据点，这个据点很重要，其中二马营据点鬼子人多，武器也多，

好几挺歪把子机关枪。这歪把子机关枪真是好，打起来那声音"咔咔咔……"就是精良得很。这个一时攻不下来，从9点钟开始一直到天亮5点，这个还没拿下来。那个三营营长，他急了，因为廖汉生、黄新廷都催他了，快一夜还拿不下。他急了，亲自到跟前去了，他离开营指挥部了，到前头去了，到前去了他亲自装掷弹筒，结果敌人的枪打得掷弹筒炸了，把他的手炸掉好几个指头，就这么个抬下来了。

这时候忽然敌人飞机来了，我呀在哪儿呢？我在离那儿有个半里路的地方等着，胜利也好，败仗也好，我就做收容工作。跟我一块儿去的还有政治处，供给处和政治处我们两家合作，做收容工作。跟我一块儿的一个叫仲崇山，这个仲崇山，单立人的中字，仲崇山，崇山峻岭，这个仲崇山，我们俩在一块儿来着，敌人飞机飞得相当低呀，它要救援这个碉堡哇，就是擦着地皮这样飞啊，低空飞扔炸弹，我们两个赶快趴下。我这个地方是一个田垄的沟，趴在一个沟里头，我赶快一倒就倒到这沟里头了。他在那沟上头，离我有几步远，一个炸弹落在中间了，把我就埋上了，这耳朵震得就听不见什么东西了，反正觉着也没什么事，我就一挺身坐起来，胡噜胡噜头。我一看仲崇山，啊！四肢分裂，炸烂了，就隔着这么个沟，把他炸烂了。这仲崇山还是我一个老乡，离我家三里路，小王村的，我们俩在家里头就认识，结果把他炸成这样子了。这样，我把他拾掇起来，靠一个山坡，也没有工具，就撅了些棍子，弄一些尖的石头刨了个坑，就掩埋在那了。写了个标志插上。政治处副官杜政安来了，我说你看看把他弄成这样子了。我们两个把他掩埋了以后，放上标志，我们就回了部队。这百团大战我亲自参加的就这三个战斗。

## 又一个老乡死在汾河边

百团大战呐正是热天的时候，全体指战员们非常艰苦的。这个山西好多山底下都是河沟，河沟里都有水。特别是过汾河，汾河的水都是溜腰深。我同村的一个叫林中河，他是拉骡子的，他参了军也不识字，他是个农民。在一营拉重机枪骡子的这么一个人。他过汾河的时候，得了肠炎了，也有说是长了痧子了，结果没办法救，就死在那汾河边上了。由于我们是同乡，有人就告诉我，那时我们已经过河了。你别看南方人，南方水多是不是，但有好多人不会水。溜腰深的水他们不敢过，我们就几个人拉着几个人，我一个人拉着五六个人。我上头里去，拉着五六个人，你拽着我，我拽着你，我带着他们过汾河。刚过汾河的时候，由于他那个重机枪连有个通讯员，那通讯员知道我跟这个林中河两个是老乡，隔着河就喊我，你赶快回来，林中河死了。我都过了河了，还得返回来。我看林中河淹死了，尸首放在河沟里在那挺着呢。我也叫人堆了石头，那地方没办法弄土，堆了石头放在那个地方了。这是战斗中间出了这么些事情。来回蹚了两回（汾河），我也拉肚子了。

当时团供给主任说：陈泽民呐，你千万先休息休息，你再不要参加这个事情了，收容工作我们不派你了。我这才休息了一下子。我说的这都是1940年的事，这就快过年了，部队准备到一个安逸的地方休息一下子，整顿一下子。这部队开到哪儿呢？开到离兴县不远的叫介河口，开到这个地方进行整顿休息。百团大战完了以后进行整顿休息，一直到1941年几个月，在介河口住的时间比较长，在这儿叫作一面休息，一面战斗。百团大战之

后，大都是比较小的战斗了。

## 晋西北"改善生活"

百团大战以后呢，部队在晋西北准备休整一下，这是陈部长交代的。

那时战斗间隙休息，必须研究改善部队生活，以便把战士削弱的身体恢复过来。这后勤人员就想办法改善生活。从师部下的命令，就说是要保障每个人每天在山西要吃到三钱油三钱盐，如果不保证这个，你这个部队就成问题，提出这么一个三钱油三钱盐，有条件的话还得吃点肉，蔬菜想办法搞，主食要想办法变花样，让战士们吃好。尽管三钱油三钱盐说起来很少呢，但那谈何容易呀。部队没办法，这就得供给人员想法子，不然的话这个战士们得夜盲眼啊，没有油哇，没有盐呐，晚上看不见呐，也叫"雀蒙眼"呐。我们背粮去，背着背着粮，有的战士看不见就滚到山下去了。这为什么得"雀蒙眼"，得夜盲眼？就是缺油少盐呀。下来以后就是浮肿呀，一摁一个坑起不来呀。所以，团首长也好，师首长也好，那就着急了，那就必须保障供应。三钱油三钱盐这怎么着？团供给处有牲口哇，再动员各连队挤一些牲口出来，让军实股长带着去驮盐去。一走100多里、200多里路去驮盐，驮了盐回来给部队发。驮油，哪有那么多油哇？就自己想办法，去再远的地方也是敌占区那个地方，跟敌占区那个边缘地方，通过拉关系去想办法弄油过来，这样子的话保证三钱油三钱盐来供给部队。所以在百团大战以后，这个整训过程大体就这样子。

晋西北包括有十来个县咧，兴县、岚县、岢岚、五寨、静乐，这都是贫瘠地方。那穷山僻野你吃一个地方是不行的，你必须得到远处去背粮，甚至于到敌占区去背粮。这背粮的时候呢，供给人员要带着部队去。比方给你供给处一个连，你看在哪儿背粮，就背粮去。往往一去几十里路，甚至于100多里路去背粮。比方驻兴县，我们住的地方是介河口，从介河口到宁武、五寨、岢岚去背粮。这背粮部队要带着枪支，因为你不知哪时碰到敌人，他还有好多据点，遇见敌人了就得打，因此这个供给人员呢，他必须有战斗知识。你说一个连交给你了，还得背着粮，大枪、手榴弹什么都得有，这是相当艰苦的。你走几十里路得休息，休息的时候还得埋锅做饭，这供给人员也得想办法渡过难关。

背粮的时候背什么粮呢？黑豆，就是黑豆。那你还得拉成秕子吃黑豆。莜麦，给你粮了，如果是莜麦粒子，你得想办法磨成面。在主食上主要是山药蛋、莜麦面。如果要是到离着敌占区近的地方，能弄点红高粱面或苞谷面，但很少，那个敌占区的村长们，他给你动员一些老乡哇，给你送到根据地这边来，这么弄点粮食吃。所以在山西这个地方缺粮，至于副食咧，那就不用说了，副食仅仅是烂酸菜。晋西北这地方的老乡啊，家家户户窑洞里有大缸，他把那个嫩一点的树叶子采下来，着开水晾凉了，把这个树叶子啊，也有些烂菜，比方说那个大头菜，那个菜帮子揣到大缸里头去，腌个十天半个月就可以吃。你要是在晋西北住下来，你才去把门一开，就闻到一股烂酸菜味。这一带的人就是吃那玩意儿，当菜吃。好人家有点油的话，就把那个酸菜捞出来，着刀一垛，放上点明油，这就算好的，着上点葱花，这就完了。他的主要副食是大头菜和山药蛋。山药蛋当菜吃，大头菜特别

好，越冷地方长得越大，一个大头菜长得有二三十斤重的，像宁武、岢岚那边，那大头菜你上去摁也摁不动，那么些大头菜，当地人主要是吃这个。那里也长萝卜，白萝卜，但主要是这个菜，你想吃别的不行。莜麦面你得想办法，后勤人员你得想办法弄成面，那个囫囵着吃不行。后来就想办法动员老乡磨面，这些都是后勤工作要做的事情，磨好了以后，你还得学会做。莜麦面你不会做呀吃了就拉肚子，你想吃窝窝头那不行。蒸"炸弹"，把这个土豆啊，咱们叫土豆，那里叫山药蛋，把土豆弄成丝丝，把那莜麦面放在里头一掺和，掺和的时候好歹着一点水，一挤，弄成圆的，上锅子蒸，蒸出来好吃，这里面着上点盐。如有条件的话，再着上一点点葱花，或弄点山上采的野蒜头，你别看那野蒜头这么小，就手指头那么点儿一个苗，味相当大，比咱们家种的这蒜味大，砸上点那个，好吃，人们能吃饱肚子。

再下来就是黑豆，尽量地磨烂点儿，还可以莜麦面拨鱼鱼，还可以弄压成条条，最好吃的是蒸窝窝，就是蜂窝。要有时间，把这莜麦面放在一个盆里头，把它一分两半，这满满的一盆面不是嘛，你把它一分两半，挤到一边去分成两半，这一半完全倒开水，那一半是面，你倒完了开水正好一和就是，不稀不稠，哈哈，这和好了以后，如果有条件就是弄块石板再弄一点面，这么一擦就是一个卷，就像咱们那个鸡蛋卷，这么着蒸，放到蒸笼里蒸，这蒸出来好吃。这蒸出来当地讲究用"羊肉哨子"拌蜂窝，这个吃着好吃，但太费了。战士们轻易吃不到这个，赶过礼拜的时候，当然没礼拜，但有时候也有，就说是闲着了，战士们大家起来，蒸个窝窝吃。这就算改善生活，在山西啊就是这个生活。

## 思想总结也不放松

这样一直到 1940 年 12 月底，因为 1940 年秋天过了以后，粮食也下来了，部队生活得到一些改善，也进行了一些思想教育。回忆过去发生的那些事，从冀中战斗到山西旧军打新军的战斗，战士进行总结，在总结过程啊其中有好多问题我就不多说了。

特别值得提的一点就是有些人提出，这国共合作，这阎锡山旧军打新军，我们就和他干，就把他消灭了那么多，这不是破坏统一战线吗？我们从晋察冀边区到山西，就看到山西满街上不管哪个地方都贴着好多标语，标语上写的就是"人不犯我，我不犯人，人若犯我，我必犯人"，这是毛主席跟林枫说的。林枫那时候是晋南区党委书记来着。旧军打新军，打得不可开交，他到延安向毛主席汇报。毛主席说你们没手哇？就提出来这个方针：人不犯我，我不犯人，人若犯我，我必犯人。接着以后又提出来：坚持抗战，反对投降；坚持团结，反对分裂；坚持进步，反对倒退。全山西境内都是这个标语。这样子的话人们都说噢，我们不是统而不战，统战工作呀，不能光统不战，阎锡山他没良心，打新军，我们就挨他打吗？那就是右倾！我们要先打他，那就是"左"倾！这简单的道理很容易懂，人们在总结工作中感觉这个是对的，包括很长时间我们要掌握这个原则。

再一个是三大纪律八项注意，这时刻不能丢！这也讲了好多例子。另外就是团结问题，不是说跟阎锡山的问题，而是我们部队之间，你这个团跟我这个团，你这个师跟我这个师协同作战，大家认为有的地方不足，也总结出来了。比如该谁救援谁，

他没及时赶到,这也是失误,这个部队之间的团结啊应该要加强,团结才是力量。这些问题进行总结。再下来就是学习毛主席关于抗战到了新阶段,1938年5月,毛主席写了《论持久战》,大家认为这英明得很。主要是反对两种倾向,跟日本作战时,一种是速胜论,就说打了好多胜仗,像雁门关、滑石片,还有冀中那么多胜仗,这日本鬼子长不了,很快就消灭了。这种思想呀叫"速胜论"。不能有这个思想,我们的任务还长着呢,所以毛主席针对这种情况写了《论持久战》,大家学习后得到很大启发。不论哪个战斗下来都要自己总结,这是人们铭记在心的。你说休息了,思想教育不能放松,思想教育一放松,过一段时间,他就忘了那个应该注意的问题了,所以百团大战以后进行总结的时候非常重要。

到了1941年,在晋西北的战斗仍然是艰苦的。因为晋西北根据地土地贫瘠,老百姓生活是比较困难的,晋西北老百姓原来受阎锡山剥削压迫太深重了,我们八路军看到群众的困难,想办法自力更生。因此,在1941年,我们就想好好研究一下生产问题。部队给供给人员下了通知,你不搞生产那就不行,你别忘了供给,别忘了生活。如果你要想打胜仗,你必须好好地联系群众,所以要注意三大纪律八项注意,你必须要把这个记清楚。你要是不注意纪律,革命怎么胜利呢?

## 孙家庄战斗死里逃生

准备要搞生产呐,敌人不让你安生,哈哈,他来了。主要是村川大队长,村川联队,从太原周围好几个县里调来了好多,四面八方,晋西北、晋西南、晋东南好多地方调来的军队,大概有好几万人，要进攻晋西北，有一两万人呢，攻进晋西北。提出来的口号就是先掏你的根据地的心脏。晋西北哪是心脏呢？兴县！因为贺龙就驻兴县。晋西北成立了一个以贺龙为首的晋西北军政委员会。除了我们部队的首长以外，还吸收了一个叫续范亭的。这原来是阎锡山的集团军之一啊，那个续范亭呀，就是国民党开国民会议的时候呢，剖腹要谏蒋介石，叫他打日本的那个人。阎锡山排挤他，他不顾一切给阎锡山写了好多东西，骂阎锡山，其中有一句就是：阎锡山是厕所的顽石，又臭又硬。我不跟着你了，到八路军里头来了。因此军政委员会把续范亭任命为副司令员，贺龙是正的，他是副的，他们驻兴县，敌人来了以后，提出来的口号是：奇袭兴县、活捉贺龙。

日军要用奇兵袭击兴县，要把贺龙活活捉住。一二〇师也不声不响地集合几万人到一块来了。这时候其他的部队我不说，光说七一六团。七一六团在这个时候呢，随着这个旅直，那时候旅长就是张宗逊，随着旅直到了兴县，离兴县30多里路有个孙家庄，最有名的叫孙家庄战斗。一有大的战斗哇，就把这笨重的东西弄到跟敌人要打仗的后面来，组织了大行李。我跟着这个大行李，带大行李的人是团副政治委员颜金生，跟着他转了好长时间。在跟着他转的时候，敌人知道我们不是主力，他不打我们。那个道沟比较宽一点，他四路纵队咔嚓咔嚓这么走。我们也在这一边这么走，他不理我们。他要打我们，我们受不了啊！是不是呢？也不理我们，原因呢，就是你不是主力，我不打你，我要赶到兴县去捉贺龙去！结果我们走了有十来里路，在一块啊，敌人、我们大行李，就这么一块走。结果我们看这玩意儿不行，老跟着还行呐，我们上一个山沟里，他也不管，他继续奇袭兴

县，我们上一边闪了。闪到这山洼洼里，政治部主任曾光明做了个动员，说这王绍南带着整个的部队，从静乐、阳曲那边到了兴县这边来了，那边是东南，这边是西北，跟我们会合了，我们不要紧，不要害怕，我们主力部队跟我们会合了，到了孙家庄了。直到现在还留着这么一句话：我们跟他周旋，不能打他一股，还不能打他一"担"呀？他南方人，他说我们瞅个机会不能打他一股，还不能打他一段吗？他把那个段叫"担"，不能打他一股，还不能打他一"担"啊，就说了这些。大家心里说不要紧了，跟部队会合，这个战斗这个情况是很有趣的。结果我们和部队一会合，心里踏实了，因为我们没有战斗力呀，心里踏实了。这踏实了，就跟敌人周旋吧。

接着的时候敌人就来了，敌人来了以后，这就上山，一营是头位，就是这游好扬，他是营长，那时把周忠甲提拔当副营长，带着上山，我们就在山上爬呀。奔哪儿去了？奔鹞子沟，翻两座山，要奔鹞子沟去。这时候呢，团直属队在当中，一营过去了，爬山要到那边去，战斗部队一营过去了，后头还有二营三营，当中是团直属队。一营过去了，团直属队刚爬到山腰，嘿嘿，让敌人卡住了。就在这过程啊，从那边也是山炮，从这边也是山炮，都落下来了，机关枪、山炮一齐鸣，这敌人来了！我们爬到半山腰了，这赶快来回返吧。你看得清清楚楚，敌人下来了，他也不往死里打你，这枪啊，冲着下打，扑扑的，那就是说，这有战斗经验的就是，"咔拉"这个没事，它高；你要说"噗"，这个是伤人的。那听着这枪是"咔咔咔"的，从你脑袋上过去了，没什么了不起，大家沉着身子就下到沟里，下到沟里又往山上爬。你下了沟他从山上下来了，你上到那个山上去了，半截腰里他到了，就追你来了，就这么着。他不扫射你，他要扫早扫了，在这过程中，情况紧急。

这怎么办呢？这家伙危险得很呢！我们供给主任叫李国文，李国文就说呀，哎你们这财政股呀，你们好好地跟着这个牲口啊，好好跟着这骡子，我要把这人们带的白洋收回来。说的这白洋是什么呢？就是发的1块钱，那是国民党那时给我们发的白洋，舍不得花啊，还剩了千百块白洋。这怎么办呢？这是宝贝东西，还有法币。那时候在晋西北花法币，他的5块钱法币顶我的1块钱边币。我们那钱怎么办？我们那出纳，我是会计股长，出纳叫李树斋，他身强力壮，我们把仅有的7000块钱，赶快弄一块布缠得紧紧的，那7000块法币那重得很呢，就像大背包哇，弄到一块儿叫他背到身上。这白洋怎么收呢，这白洋谁带着呢？分散给干部了。可靠的干部一人一个米袋子，米袋子里头装上白洋，5块钱一个格，带在这身上，这就减少人了，再一个这保险呀。李国文说，这个白洋要带在人身上，要打散了以后这怎么办呢？他骑着个骡子，他说他这骡子能驮得动，他就在那收这个白洋。你比方，谁带着白洋了掏下来放在这儿，谁带着放在这儿。他就猫着腰一个一个收，往骡子身上装，这么着正装着，敌人来了，炮也来了，把我们这大垛子打烂了，把我那驮账的骡子的腿打折了，连牲口带垛子，呜一下就滚下去了，真是太深了。哎，把驮账的这个牲口打下去了，这怎么办呢？一看大深沟，敌人就来了，没办法呀，随着垛子下吧！一骨碌真没底啊，那玩意儿，就这么下来了，这牲口滚在那儿，我也滚在那儿，滚到那儿以后，咔咔地那个石头尖啊把我砸了三个大口子，浑身是血。哎，觉得这边腿一凉，它是擦伤，一个子弹"啾"的一声，

好家伙，血流如注，我浑身没知觉了，躺在一个大石板上，躺在那地方了。这天快黑了，敌人马上追来了。追来了以后他就嗷嗷地叫……汉奸们就说："投降啊！缴枪不杀啊！"这个就这么喊，那我也不知道什么了，知道是喊，不知道什么，睁眼一看觉得不怎么样，一边是擦伤，这头哇，你看这头这个血是不少，但是它并没有伤了要害，就昏昏沉沉这么等着，眯缝着眼也不大睁眼。鬼子过来了，汉奸说，这个人呜呼的，太君的走。大概就这个意思吧，就擦着我身子过去了，我看他们走远了，才往山上爬呀。哎呀，这山上净这个有针的那个树，管他呢，反正得往上爬，不能在沟里待着，而且临着大路，管你怎么样呢，往山上。这手上不知扎了多少刺，一直爬到山顶，已经是七八点钟、十来点钟这个时候了，哪边树多就往哪边走，就我一个人。失掉联络了，谁跟谁也接不上气了，没办法，哎呀，这怎么办呢？就钻到那雪窝窝里头，这肚子又饿了，已经两天不吃饭了，为什么两天不吃饭？这个战斗过程根本没有顾得及埋锅做饭就来了，就吃树叶、吃草、吃雪，那也解决问题了。它这个松树林子有雪、有草、有树叶，就这么个。天亮了翻过了一个小山包，跟着我的那个通讯员，在那个小山包上呢！这望望，那望望，哎哟，这不是股长啊！我说是呀。哎呀，你怎么来了。这两个人心里痛快了。他叫赵振邦，我说振邦呀，你扶着我点，咱们俩慢慢走吧。他年轻啊，才十几岁，我那时25岁，我说稍微扶着我点儿，我走不了路。这鞋早烂了，这棉衣呀，哈哈，衣不蔽体，这棉上衣有两块，这脚没有办法，鞋烂了，把这两块撕下来缠上脚，把他的绑带拿下来缠上，我那个绑腿早撕烂了，挂了个木头棍子，我们俩就走哇走哇……他是岚县人，那个小孩很精干，他走的山路多，有的时候吧，他扶着我也真顶事，这么着在山底下找到一小户人家。到了那儿他说，我给你烧两个山药蛋吃吧。我说对，你给我烧两个山药蛋，吃了两个山药蛋，哎，这心里觉得好一点，跟人要了点儿开水。他怎么样呢，见人家缸里头那个酸菜呀，拿起来抓一把就吃。就这样子，走哇走哇，走哇走哇，就这么光着脚，拄着棍子，衣不蔽体的样子，不知道在哪儿。那部队在哪儿？哎呀，我说咱们到哪儿去呢？他说什么，这离着岚县不远，那个地方离着我家共有十来里路，咱们到我家去吧。我说到你家去，你那是据点啊！咱们不能到你家去，到你家去不行！哎呀，不能到我家去咱们怎么办呢？那我家在东面，咱们往西面去吧。我们两个商量着往西面慢慢走。老远看山边上有一队来了，仔细看看这不是敌人，走近一看吧，是五连收容队。他知道打散的这个兵呀到处都是，各营都派一两个连收容。这个战斗哇，我们是受了损失了，但主要是团直受了损失了，没战斗力的受了损失了，有战斗力的没有受损失，是这么一个过程。那就好啦，就跟着连队了，跟着五连收容队，到了孙家庄，部队还仍然驻孙家庄呢。

到了孙家庄就没事了，因为敌人没摸到我们部队的主力，他也没办法，他在山沟里也没办法待着，他也怕我们消灭他。所以呀，他也就撤了。这时候呢，我们就赶上队伍了，幸亏五连我们才到了孙家庄。赶到了孙家庄以后，我们那主任呐，我刚才说的收白洋的那个主任李国文，是湖北省石首县人呢，很好的一个主任呐，为了收这个白洋呀，让敌人打死了，我知道了这个，大家都哭了。我拄着拐棍，一步一拐地来到部队，一个代主任叫史效忠，现在在成都，他是中国科学院中科委（应为国防科委）的

副军级干部，在成都住着呢，我们俩是最好的。他看见我来了，拄着拐棍，离着十来步就喊：这个泽民，可怜的泽民回来了。哎哟！哎呀，我的叫花子泽民呀！就把我搂在怀里了。待了不多会儿收容队又把李树斋收容回来了，就是那个出纳，看着7000块法币的那个回来了。这时候你看，虽然那种情况下，我身上背着几本机密账，我始终带着，什么部队的枪支、弹药、人员、马匹这些数字都在这里呢，敌人要得了这个玩意儿，那全团你的怎么个编制，怎么回事，他都知道了。那搞财政工作必须有这个，没这个他没办法给连队算账，那还得重查，有这个，不说保密吧，反正这是非常重要的文件，我带回来了。他带回来7000块法币，这样子的话一报告团部，受到表扬了。不管怎么说，能够支应点菜金了。你给老百姓要点菜吃，你必须要给人家点钱呢，部队才能生活。

这是敌人"扫荡"的时候我经历的一个比较危险的事情，是这样子的。在晋西北呀，在这个战斗打了以后，敌人的猖狂劲就小一点儿了。

## 这样度过了三年困难时期

1941年，要过大年了，我们到了哪家都是点灯的，贴对子的，这要过春节了。我们下去找一个安静地方要整训，到了什么地方呢？到了临县，晋西北最好的一个县叫临县，到那个地方住下整训，那属于晋西北的三军分区，三军分区的专员叫刘墉如，这个地方比较安定了。那安定了怎么办啊？部队想办法改善生活，后勤工作马上就要整顿，研究怎么改善生活，干什么。第一，先说这粮食怎么办。分配由师负责，哪几个团分配哪几个县，就把供给人员包括各连队有个给养士，这给养士也列入我们这里头，都集合来，分配到各县去催粮。这是一个粮食问题。尽可能地把粗粮食变成细粮，粗粮要成细粮。供给人员要好好发动老乡，好好地宣传我们的战斗，好好遵守纪律，这样子能得到老乡的拥护，你们把粮食弄回来，保证部队的主食。第二个，蔬菜，保证三钱油三钱盐，一定要吃到。盐组织运输队到黄河边上去驮盐，油自己榨。晋西北有些山区有油菜籽，收购来自己开设油坊，榨油。这都得要人啊，自己没那么多人，供给处最多的时候101人，最少的时候四五十人，现在呢，经过那个战斗连伤带死了十来个人，剩下八九十个人也不行呀！这就把连队上比较好一点儿的，给抽一两个人来，组织起来，分配任务，结果榨油占去一部分人。为了改善部队生活，我们副团长王绍南说，把主要的干部抽调搞供给工作。就抽调了三营一个最好的营长叫何腊光，南方人，老干部，有经验。因为这个榨油坊必须得去离敌占区不远的地方开榨油坊，比方说阳曲，离阳曲不远的地方才能开设这个，为什么呢？它那个地方收油菜籽比较好收，这个山区不行，它自己还吃不上油呢。在敌占区开了个榨油坊，不久被敌人包围了，何腊光坚决要守住，最后被敌人打死了，牺牲了一个营级干部，牺牲了一个军实员。那不在这了，另外找地方也得要供给油。咸盐一个礼拜驮一次，分发到各连队。油、盐、调料那谈不上，只有自己到山上挖小蒜，作为葱花。这样子的时候呢，解决蔬菜问题，还是大头菜、山药蛋、萝卜，这是主要副食，供给部队。想办法还养点儿猪、羊的时候呢，就是收购，跟老乡买些羊。有点儿猪肉，半个月能够吃到一斤猪肉，这个目标，实际上三两也吃不到。总得有点油水，没点油水不行。这个地方开商

店，连个擦枪布也没有，派得力干部到敌占区，换了便装，带着家伙，跟那个敌占区的村长商量，叫他把东西买回来，用着那个胆大的人才行呐！像我们那个军实股长，那个出纳股长，那个李书树，他干这个最行了，他当过旧军，他弄来的东西最多。比方上忻州、崞县，就是平原的那些县，他有这个东西。洋瓷碗也弄回来了，擦枪布也弄回来了，反正可用的日用品，也能弄回纸烟了。团首长有时要抽烟，也能弄回点纸烟来，什么布匹哇也能弄回一点儿来，就这么着过日子。把这弄回来还不能马上分配，拿着这东西开商店赚钱。比方我们在白文镇开了个利民商店，嘿，我那时还跟家里通信呢，我说我在山西临县白文镇工作，开商店。这要说开商店回了个信家里不恐慌，而且知道你当了八路军他要害你家庭，所以呢，要不给家里信儿也不知道是死了还是活了，所以给家里通个信吧，就写寄临县白文镇利民商店交谁谁收。我们还开了商店，开商店就把敌占区弄来的东西卖呀，你比方一个瓷碗，一个洋瓷碗我两毛钱买的，我可以卖四毛钱啊，这是小本赚大本，这么一滚，哎就赚了钱了。再接着就是部队还可以搞纸烟厂，白文镇这地方有这个条件，有造这个土纸的，就学着干吧。还开旅馆，来来往往的人啊要住旅馆，我们也赚点钱。就用这些办法，为了保证三钱油三钱盐吃，再一个月能吃着三两啊，四两啊，五两啊，反正算起来吃不到一斤，反正有点儿油了，在晋西北就这么过日子。

在这样子的情况下，1941 年、1942 年、1943 年，这三年叫作一面休整，一面战斗。由于附近还有好多敌人据点，不时地来干扰、骚扰一下子。咱们就组织战斗，就是休战结合，也练兵，在山西这三年就这么过来了，度过了困难时期。

## 来到陕甘宁边区

由于蒋介石军队侵犯陕甘宁边区，这时候贺龙在哪儿？贺龙就调到延安，陕甘宁边区成立了联防军司令部。很长时间这个一二〇师就驻在兴县蔡家崖，在续范亭家里。续范亭家里有的是房，他是个老财，我们在他家里住过。他那一个家呀，住我们两个营加一个团直，木头多得很，我们不用烧煤炭，就烧它那木头做饭都可以，所以就好过了一些了。蒋介石又发动胡宗南侵犯陕甘宁边区。陕甘宁边区，这个高岗是政治委员，贺龙是司令员，以后又吸收李鼎铭。1942年底、1943年初，我们就从山西赶到延安保卫陕甘宁边区，保卫毛主席。来了以后呢，胡宗南偷着跑了，他知道整个部队过来了，他撤了，他就故意捣蛋，他要破坏你休息整顿。所以，他弄这个玩意儿，想置八路军于死地，因为晋西北不管怎么说是平静的，再一个地方部队也大了，像决死纵队什么这些都有了。

来了干什么呢？就是毛主席说的"发展经济、保障供给"，"自己动手，丰衣足食"，大搞生产。这个时候后勤工作啊就更忙了。来到那陕甘宁边区，住的是什么地方呢？三五九旅住南泥湾，三五八旅住张家湾。三五九旅先过来，他们大搞开荒有经验。我们到了张家湾，就组织人先参观三五九旅这个生产怎么搞的，我们组织的参观团，我也参加了。去了以后跟人家学了经验，怎么开荒，怎么种地，怎么解决这个工具，怎么解决住的问题，这都有了经验了。回来了以后我们就干开了。就说我们这个团吧，划分地区，看地形，哪个地方可以开垦，开荒种地解决主

食，种菜园子解决副食问题，挖窑洞解决住房问题。接着因为有山西的经验了，开商店的、开旅馆的、榨油坊、纸烟厂，还有酒厂，因为那个地方有苞谷，我们拿苞谷做酒，买羊毛捻线、纺织，解决袜子问题，还养猪。

李国文死了以后又来了一个新主任，叫张佐鑫，这新主任给我们教育不少，他是湖北监利县人，紧挨着湖南。他是贺龙的马兵。那贺龙的好多事他知道，亲口跟我说了贺龙好多故事。

张佐鑫主任那时已经是40多岁了，他是上年纪的人，为了解决部队生活，他走100多里路去赶猪，赶猪种仔。猪种、羊种，主要是买这个小的，为了好养大了，买母猪，为了繁殖小猪。我们张主任呢，穿着草鞋到保安走100多里的路买猪种、羊种，亲自赶着猪，100多里赶着猪，赶回来，为了给部队改善生活。草鞋破了，干脆扔掉，他光着脚丫子走。这南方人真能吃苦耐劳，他光着脚丫子走100多里路，为了部队生活。我们就干这个，有好多事情，就是说是为了部队生活，我们这样做的。

这个窑洞打起来真是好。那个地方是砾土，好得很。八仙过海各显其能，你是弄窑洞，还得学木匠，得做窗户门呢，这都是自己要找木匠。找木匠你白茬还不好哇，还得找漆树，在山上那个深山老林里有漆树，割漆去。这割漆的，有会割的有不会割的，再一个有受得了漆这个味的，有闻不得这个味的，他过敏，他一闻这漆呀浑身就肿起来了。你看呢在那个山为了这个漆桌子，为了要卖，这延安那时候收购这个东西，叫割漆学木匠，这都是后勤工作要做的，这里面有好多故事。我跟李传常两个人找漆树去，你先得找好了以后，才能派人去割嘛。去找漆树，碰见了条大蟒。我带着个马兵，李传常带着个马兵，一人背着个草帽，走着走着呢，李传常在前头，李传常那帽子"呼"被那个大蛇吸着跑了。"快来，老陈，这是什么？"我一看是条大蛇，那是大蟒啊！那可不行，拿枪打吧！他那警卫员拿枪"叭"打死了，拖回来。

那时候部队上有一个京剧团，贺龙那时一个是爱打篮球，一个是爱听京剧，一个团组织，一个京剧团。京剧团买胡琴买不到，这个大蟒顶了事了。那这个皮呀，这可是宝贝呀！这个自己做二胡，哈哈，这插曲呀。

后来就开始大练兵，主要是刺杀、投弹，这是两门主要的，下来以后，就是练武术。后勤人员也组织起来，到处找这个杠子，这好多运动器材，也得要到处弄去，在敌占区购买篮球。大练兵过程中出现好多英雄模范人物，真是练出硬本事了，以后都用上了。三五八旅呀，练兵还是做得最好的。为什么呢？张宗逊这个人真深入基层，他提出来"官教兵，兵教官，兵教兵"。这"三教"是张宗逊提出来的，提出后受到毛主席的好评。他提出的"三教"，得到了很大的教益。

## 贺龙师长批给三五八旅 5000 把镢头

我主要讲生产的问题吧，其实大生产在八路军来说，不仅仅是在陕甘宁边区开荒，我们在晋绥驻扎的时候，也帮助老百姓种地，在战斗间隙自己也要搞点生产。我记得 1942 年，朱老总视察过三五八旅，那时候我也是搞供给工作，他到部队就讲，晋西北苦，你们一定要协助老乡把生产搞好，你们自己也边边沿沿种一点蔬菜什么的，自己也搞一点。

一个南泥湾，一个张家湾。我说的张家湾是延安以南富县

所属地方，东至富县西至合水，北至延安，南至龙防（音），这么一块地方1万多平方公里，这么一个地区。三五八旅驻在这个地方呀，就要搞生产，当时是这样组织的，旅部驻王家桥，我主要讲三五八旅吧，我具体是在七一六团，我依然搞供给工作。在七一六团的时候呢，我们就接到旅部的命令了，叫参加旅部组织的生产会议，由旅统一划分地区，组织生产，给你哪个地方，你就到哪个地方去看看地形。我们七一六团呢，驻的是张家湾，把三个营布置在边上，团部住在中间。先解决住处问题，那个地方人烟很少呀，你非得自己解决，那就是打窑洞。那个土坚硬呀，咱们这边讲是砾土呀，你把这个山坡一劈，这个土呢，就是成了一个院子，然后呢，用平面开洞，这个窑洞打得还是真好呀，这是挖窑洞，做门窗，这一部分工作，也由专人负责。

什么时候过去的呢，春天过去的，你光挖窑洞不行呀，你还得赶快种上庄稼，你种庄稼赶不好季节不行，解决住房问题，这是一个组，解决开荒问题，这是一个组，开荒的时候，种菜又另外分出去了。再一个要搭配地方，比方说小流域，也就是说两个山中间呢，有一个道道，这个道道里面呢，有流水，这个小流域里面庄稼长得好，这个也要分配。

我当时到旅部的时候，各团都出个人，帮助三五八旅统一规划。我被抽了去，抽了去以后呢，有一个叫王克诚的，他是三五八旅供给部管财务的人。

你挖窑洞，种庄稼，没有工具不行呀，说找老百姓要，老百姓人家很少呀，人烟稀少，你不能拿手吧，因此最主要的问题，是解决生产工具问题。那会儿三五八旅黄新廷旅长、余秋里政治委员，供给部部长宋庆生、副部长是贾文耀（音）、政治委员是李冲（音），他们给我们开了会以后，说王克诚、陈泽民，你们两个去负责，去跟贺老总要工具去，旅部给开的介绍信，我们两个很愉快地接受了这个任务，到联防军司令部去找贺老总。

贺龙是联防军司令部的司令员呀，林枫是政治委员呢，有一个警卫员，我去了以后，警卫员说，你们干什么来了，我们说找老总来了。你找老总干什么呀？我们要大生产，要解决工具问题，那好吧。我们说着话呢，离着不远，那个门卫离着他的办公室不远，贺老总就说了干什么的呀？那个门卫就说他们是三五八旅的。叫他们进来，这我们就去了呗。去了以后，坐下，给我们倒水喝。你们是三五八旅的？这有一封信，他拿起来一看，喔，好好，按理是要工具，没有工具你们怎么办呀，可是要，你们要多少呀？我说上边写着呢，我们就是按我们的人数吧，1万把镢头，5000把铁锹。1万把？那谈何容易呀，给你们打个折扣，一样给一半，5000把镢头，2500把铁锹。那差一半怎么办呢，你们自己想办法。联防军司令部呢，有一个后勤部，后勤部长张部长，我这有一个表，他说着呢，就是拿桌子上的表，拿了这个表看了看，说只能解决这些个，你们来得最早，别的还没有到，给你们这么点这就是不少了，如果说你们不够，你们自己去解决，你们愿意想什么办法就想什么办法，再一个镢头呀，你用了以后呀，不是马上就短了，再找一点铁去，再打吧，就又能用了，现在先这么用着，两个人一把也可以先用，慢慢地再解决。我见他是相当熟的，他见我们说起来也不是陌生，经常见面，所以他很痛快，给我们批了条子，找张部长。

我们拿着就往外走。他说停停停，回来。我说，还干什么呀，老总。他说，你们搞生产，你们挖了地，你们没有种子怎

办呀？我说就是呀，没有种子。这样子的，陕甘宁边区呀，交给中央各个单位呀，他们有点基础了。我告诉张部长，叫他给你们解决一些种子，菜种子，粮食种子嘛，只能解决少一部分，你们去民间购买去，蔬菜这个种子呢，这个也解决不完，你们呢，也下去买一些种子。我们说可好了。他说，还有，我再给你们说，这个边区联防军司令部也好，中央各个单位在这儿也好，他们抓生产早，还有一些蔬菜种子，这个你们先不要花钱，叫后勤给你们说一下子，多给你们凑一些蔬菜种子，什么西红柿、辣子，各种蔬菜吧，都给你们一些种子，你们带上，不仅是带种子，他们现在有的蔬菜，也给你们拉走。我说，我们怎么弄呀？哎，不给你们粮食种子蔬菜，你们这5000把镢头，2500把铁锹，你们打算怎么弄走呀？哎呀，我们说这也没有办法，这确实是个问题。想了想这5000把镢头要是找骡子驮呀，牲口驮呀，我们还有150里路呢，这个也不好弄。这么着吧，给你们两辆汽车，你们拉着走，这样好不好？把我们两个高兴坏了，老总对我们真关心呀。我给你说，叫他们给你们拨两辆汽车。我们两个坐着这个车呀，就跟马兵说，你们把我们的马给骑回去吧，咱们两个开开洋荤吧，坐汽车走。我第一次坐汽车，王克诚也是第一次坐汽车，王克诚是高碑店人。走吧，当时派了司机，一个车两个司机，这就先把这个镢头拉上，就在后勤部呢装好了以后，这个车跟着，就到中央直属机关，南方所属的机关，一个摇一个，他们通知了，那蔬菜什么的，都给摆在院子边上了，连种子带蔬菜，整个地拉了两大汽车。

路上呀，等一到了劳山，汽车抛锚了，这大黑天的，汽车抛锚了，这怎么办呢？两个司机说，这也没有法子，我们得回去取工具去。修呗，取零件，取工具去，我挨了一夜冻，人家第二天才回来，回来了以后再回去，已经是第三天，家里以为出了什么事了，这要工具的，没有消息了，怎么回事呀？结果我们回去了呀，旅供给部也好，各团也好，都找去了，这算是大家都高兴了，都分了，这些呀，都分到三个团，这样子就是凑合着开荒了，大生产就这样开始了。

我和王克诚，我们在车上的时候，就是瞧着这个镢头，咱们是不是也要去开荒呀，瞧着，哪个最好呀，我挑了又长又宽又轻又快的一个，等一下车，我就把这个东西拿下来了，他也挑了一个。

## 大生产轰轰烈烈搞起来

那时候每个战士分配是一亩地，一天开一亩地，这个干部，机关的这些人呢，就是半亩地，大体上任务是这样子的。

这一开始，争先恐后呀，没有哪一个是落后的，连团首长呀、旅首长呀，都拿起镢头来开荒呀，没有一个不动手的。我们还到南泥湾参观了一下，看看人家的生产经验，看人家怎么搞，看人家那时候呀，差不多就丰衣足食了。南泥湾，没有麦子呀，是芥米面，他主要是种那个芥子，稻粱菽麦芥，那个芥子，那个东西呀，去了皮呀，磨成面，很好吃，是甜的，蒸这么大，招待我们，也养了好多的猪，好多的羊。这部队呢，除了开荒以外呢，就组织购买牛、羊、猪，就是买这些个牲畜，解决肉食问题。这个部队的后勤人员呢，完全分配到外头去，去采买这些东西去。还有解决木材问题，得上山去砍。你光有窑洞，没有家具也不行呀，得打桌子呀，门窗呀，这个木工也要做的，部队上有

好多会的，就带徒弟，教木工。铁匠，打铁，学打铁的，那时候，骡马多呀，还得要学钉马掌，打马掌。还有上山，找漆树，到大深山，林子里头，割漆去，无一不有，那你少了哪个也不行。这个开荒的时候，虽然窑洞打好了，住上了，开荒时住在开荒的那个地方，找一个背风的地方，或者是简单地搭搭棚子，晚上都是在那个地方住，家里头给送饭呀，再去买了一些铜锅，就是这么大的铜锅，这些个呢，都是后勤人员去给采购的，买去。组织运盐，还得吃盐，组织买油，当时能够解决这些问题，以后自己就想办法，各种措施，灶具呀。我们还开卷烟厂，还得解决抽烟的问题，没有叶子烟了，还抽白菜，白菜干了，搓一搓，拿纸一卷，那也可以，以后的时候，就是大家种点烟叶子，给老乡买一些烟，开烟厂，我还去开过烟厂。那时候，团首长们呀，一人一个月他们两条烟，自己的烟厂生产的，延安生产的最好的烟就是鹿样烟，就是有两个鹿在烟盒上，还有信息烟，这是到白区买来的那个人造烟丝，掺和到烟叶子里头，一抽特别香呀，所以呀，开酒坊、卷烟厂，开旅馆，都是解决部队的生活问题。

  这个开荒过程啊不多讲了，出了好多英雄模范，什么刘四虎，什么尹玉芬，这都是战斗英雄又是开荒模范。这刘四虎你说一天开多少地呢？你想也想不到，六亩地！说这个机关工作人员一天要开半亩地，这半亩地都不大好开啊！人家刘四虎就开了六亩地。

  史效忠是副主任，我是财务部长。主任、副主任经常检查各个地方、各个店开得怎么样，家里就是我。我坚决完成我这半亩地，每天完成半亩地加上供给工作发油发盐发服装，不管什么，我都搞。除了这个我还完成半亩地，这确实有点劳累了，就这么坚持了几个月以后，我身体拖垮了，昏昏沉沉，现在说就是重感冒吧。这个部队也没什么药给你吃，从山上把我背下来，我的那个指导员叫党万斌，从山上背下来我都不知道。卫生队长叫李作夫，来了给我打针、吃药，反正想办法救，我这才慢慢恢复了。这个受到团政治处的表扬。政治处那时候呢，教育干事是雷鸣，他是这堂二里人，现在也去世了，他们把我的事编成剧本表演，就说我在工作中没耽误，保证开半亩地。给了我点儿奖，朱总司令的一个像章，还有一双布袜子、两条毛巾、一件衬衣。

我们是1943年初春去张家湾，到1945年日本投降，干了两年多，在这个地方开荒种地。开荒种地的过程就是为了解决部队的各个方面的问题，上白区去买东西，枪不擦不行，擦枪布也得上人家那儿买去，最后说这怎么办呀，咱们自己弄一个厂吧，买棉花来，自己纺线。这个碗不够，到白区买去，买了两次碗过来，那时候，都是到了白区去，那时候很简单，比方说驻那边是国民党，这边是咱们，当中我们带着枪到了这个地方，通过这个地方当地的村长，跟那边联系，咱们给他东西，他给咱们东西。咱们给他们什么东西呢，咱们边区有的那个杂粮，他那边就没有，也给他弄一点儿，主要的是通过关系把这个东西弄回来，解决这方面的一些问题。

在这个生产过程，人们跟这个老百姓呀，这个边区的群众呀，结合得很好。他们有什么，供给咱们什么。像咱们住的那个地方，那个山沟里头有水，这个水里头还有鱼，人们吃这个鱼。这个跟老乡合作起来，搞一些商店，这样子的时候呢，没有说是哪一个人不开荒。我那时候呢，是担任财务部长，团部的财务部长，除了自己开荒以外，还要把这个日常工作不能耽误。

咱们军队一开荒，老百姓也要开荒，所以这个军民呀，你也开荒，我也开荒，漫山遍野地就来了。有一个民歌，就是《军民大生产》，这个歌子好听，解放区呀，噢呀么嗨，大生产呀么嗨，军队和人民……齐动员呀……又能武呀，又能文呀，问是什么部队呀，一、二、三、四，八路军……

### 严密严格的财务制度

那时团与师都有经济委员会，搞供给后勤工作的，必须按时把军费开支、粮货开支、军械等等的做报告。这一套经济制度怎么组织起来的呢？我先拿一个团来说吧，一般的时候，由团政治委员或者是副政治委员，或者是参谋长、政治处的主任，再者是供给主任，组织经济委员会吸收各营的教导员，或者副教导员参加，三个营吧，再一个直属队呀，再加司令部、政治处、供给处，这一下子有十几个单位，每一家出一个人，组成团的经济委员会。如果说平时没有什么事，必须是一个季度经济委员会召开一次会议。这个会议做什么呢？由团供给处向经济委员会做一次经济方面的报告，供给处处长先开出四处清单来，所谓四处清单，就是收、支、结存或是亏，最后平分，你必须得把这个开出清单来，向经济委员会做一次报告。平时的时候，一个月，战时的时候呢，那就看情况了，一般不要超过一个季度，必须向经济委员会做一次报告。

没有这个制度的时候呢，经济处管钱，那钱哪儿去了，你买了什么东西，你把东西弄到哪里去了，比方说买什么呢，你有菜金了，上面给发呀，平时一个月，团必须向旅或者是向师，做一次报告，做报告得拿着单据去，你说你开支这么多，不行，必须得有单据，我审查你的单据，相当严格的。人员、马匹、武器、弹药，那必须是清清楚楚。国民党那时候在家吃空名字，八路军，你必须以连队为单位，要花名册子，你得把名字依次排下来，哪一个减员，必须列得清清楚楚的。要有花名册来领东西，来领钱，才行呢。再一个，你每一个月呀，你得填一次伙食表，这伙食表呀，给你划成表格，这个规定一个人多少钱，把钱数就弄出来了，然后给你核算，你领了我多少钱，我还欠你多少钱，我给你补上，要填伙食表，要填马单。那时候一个马匹闲着的时候，没有作战的时候，都是要吃点料呀，这些个呀，都是钱买来的，马吃草呀，也是钱买来的，所以说还要填伙食表、马单表，报账的时候，这一套必须要清清楚楚的才行。

你吃空名字，那不行的，我们得要审查，每次战斗下来，要减员，减多少，你得拿花名册来；发服装，你得拿花名册来，按着你的人头给你发，一年发一次大衣，发一次棉衣，没有衬衣，一年一套棉衣，你穿不烂，你就是拆了那个棉花，撕那个夹的衣服，做衬衣，你这一套单衣穿不破，你拿这一套单衣做衬衣。八路军是艰苦的，他有这个制度，钱、东西、枪支、弹药，都得要有数，这战斗下来了以后呀，你领了多少子弹，你消耗了多少子弹，都得有账，严格起来还交子弹壳。

第二个呢，这个八路军呀，对这个账务有原则的规定，你像我们呀，我不是搞会计出身的呀，这五种账，我必须要清清楚楚的。我们一二〇师（供给部）的副部长，叫赵熔，这个人是一个才子，他编的一套账目简便易行，你不能像现在的那么一些东西呀，你驮都驮不了走呀。第一个账目叫作综合传票，会计和出纳完全要分立，管钱的不能管账，管账的不能管钱，防止你贪污

呀。会计给你一个单子，出纳见了这一个单子，付钱，没有这个单子，一个钱也不能往外出，最后会计算账，你把你单子拿来的时候，看看我给了你多少钱，你手里还有多少钱，这个出纳会计，严格得很，要分开。综合传票就像现在的流水账，什么都在这个上边记，收的，支的，都在这个上边记，这是第一本账。第二本账叫作总账，就是总起来。这些钱，不管什么钱，总起来多少钱。第三本账叫分类账，有这个钱，有那个钱，那个时候，国民党的票子我们也花呀，你到敌占区去，你花边区票子他不要，边区票子自己花可以，到了国民党区域买东西必须得他的票子，这就是种类不一样呀。中央银行的，交通银行的，这都得有类别的，自己的票子，有金子，还有白洋，这些呀，都得要花，这个类别要分出来，分类账。再有一个换算账，这么多货币，你怎么总结他呢，就是都兑成边区票子，都兑成咱们的票子，然后再给你算总账，你欠我多少，我欠你多少，我大体地谈一谈，是这样子的，是这样子的制度，防止贪污腐化。

  这些制度，红军的时候就有，就是红军遗留下来的，是在红军的时候定下来的，把它更完善了一下子，大体上是这样子的。

  我参加军队以前，就在地方上搞军需代办所。那时候，冀中乱七八糟，这个大队，那个大队，乱得很，地方上要组织起来，你要应付这些，成立了军需代办所，其实那时候，主要管粮食，这儿也找你要粮，那儿也找你要钱。

## 赵廉洁

1923年生。抗战期间任八路军晋绥军区八军分区二支队武工队队长。离休前任空军工程兵八纵队参谋长。

# 智取娄烦

### 接受命令

我讲讲1944年我们武工队抗击日伪军的情况。

1944年8月,晋绥军区八军分区二支队给我们武工队下了一个指示,让我们把静乐县城里敌人的情况,比如有多少敌人,都驻在什么地方,城墙有多高,哪些地方有敌人守着等摸清楚,并绘一个平面图送到团里去。我刚把图绘好,团部就来了一个通知,叫我马上去团部开会。我们团部驻在静乐县西边嵩山岭的一个村子里,从我们这儿到嵩山岭大约有80里路。因为时间紧,路途远,任务急,我和通讯员李建合连饭都没吃,一人带上两个

窝窝头，背上一壶水，就出发了。

出门后，走了大约两里地，我们上了一个高高的山梁。顺着山梁往上又走了20多里路，到了一个叫狼山的地方，这个地方荒无人烟，经常有狼出现。我们走到那儿的时候，天也快黑了，我们就找了一个稍微平点儿的地方坐下，喝了些水，吃了点儿干粮，然后继续赶路。还得抓紧时间赶路，要在天亮以前渡过汾河。因为汾河离日本据点很近，所以不能白天通过。我们披荆斩棘，翻过了这座山，又穿过了一道沟，到了汾河。因为前些日子下了些雨，所以汾河的水比较大。河里不像平地，都是泥，还有鹅卵石，很硌脚，深一脚浅一脚的，水又流得急，一不小心就会摔倒。我们身上带着图纸，不能把它弄湿了。所以李建合说，咱们把图纸顶在头上吧，这样，就不怕弄湿图纸了。于是，我们就把图纸捆住，放在了头顶上。我们小心翼翼地渡过了汾河，上了凤凰顶，凤凰顶是一个很高的岭。我们到凤凰顶时，已经是凌晨两三点钟了，正是睡觉的时候。门卫领我们到一个地方休息了一会儿，天亮后，通知我们去开会。

会是由刘斯起参谋长主持的，主要说的就是打娄烦。然后由林海清支队长讲话，他讲的是为什么不打县城，而要打娄烦。因为县城敌人比较多，而我们仅有四个连，攻打县城兵力不足，只能打娄烦。娄烦是一个很大的镇，离县城只有70里。在那儿，驻有一个加强班的敌人，大概有二十四五个人，他们有两挺重机枪、两门炮。还驻着县伪军的一个中队，大概有一百四五十人。会上还布置了各连的任务，任务有四项：一是要破坏县城至娄烦的公路；二是骚扰袭击敌人，消灭敌人的小据点；三是袭击驻扎在县城的敌人，每天晚上都要袭击，叫他们睡不好觉，吃不好饭；四是挖地道，把地道挖到敌人碉堡底下，然后炸掉。政治委员还给我们讲了这次任务的重要意义，他说，英、法、美、苏四国记者团将会来我们部队参观，看我们怎么作战，怎么消灭敌人。因为国民党说八路军是搞封建割据，不打击敌人，光搞表面工作。所以，我们要粉碎国民党对我们的造谣诬蔑，这个意义是很大的。另外，如果我们搞好了，还有可能得到国际上的支持和援助，这个意义也是非常大的。所以，上级交给我们团的这个任务，我们要千方百计地圆满完成。散会后，部队就分头行动了。

### 两个"臭皮匠"顶个诸葛亮

回去后，我把队员召集到一起，向他们传达了会议的内容，并商议具体的对策。用什么办法才能够配合我们团把进攻娄烦的任务圆满完成呢，我让大家出出主意。其中，一个叫段猴子的同志，原来是伪军的一个警长，后来就带了枪跑过来，参加了武工队。他说他原来是警察局的，了解那儿的情况。在县城南关有一个小的警察局，人不多，一共就十来个吧。警察局的局长在外边有一个相好的女人，晚上他经常一个人跑到她家去。咱们派几名队员先去她家附近埋伏好，等他一去就把他抓住，然后让他领着咱们去叫警察局的门，叫开门后就迅速冲进去，打敌人一个措手不及。我想那时敌人肯定还在睡觉，所以应该不费什么力气，也比较安全，不会有伤亡。

还有一个叫李三宝的，原来也当过伪军班长，后来投奔过来。他说，我当伪军副班长时，住在县城南边的天柱山上。那里驻着伪军的一个班，是静乐县城的一道屏障。伪军吃水很困难，每次都让附近村子的村民轮流给他们送水。村民送水一般都很

早，而伪军早晨起得比较晚，因为他们晚上经常抽大烟、赌博，每次都熬到很晚才睡。所以我就化装成送水的，早早送水过去。过吊桥后，我就把放吊桥的人的枪夺过来，叫他领我到碉堡里面去。那个碉堡里面的地形我也熟悉，所以，你们有两个人配合我就行了。其他的人可以在外边掩护，一有什么情况，我们就撤出来。大家认为段猴子和李三宝提的意见都可行，之后，我们又详细地制定了计划，并做了分工。我们将队伍分成三支，一支袭击警察局，一支去端敌碉堡，另外一支对敌人进行骚扰。

### "我们是八路军武工队，不许动！"

9月19日，我们开始按计划行事。晚上10点左右，张富山和段猴子带了两个队员，到警察局局长姘头房子的两头隐蔽。一会儿，就看见这家伙提着个烧鸡，拿着瓶酒过来了，一边走还一边唱着小调儿。等他刚要敲门，我们事先埋伏的人一个箭步冲上去，抓住他的胳膊，掐住他的脖子，用枪顶住他的后背小声告诉他，我们是武工队的，你不要大声喊叫，否则送你去见阎王爷。这个门你不用进去了，你跟我们走，给我们把警察局的门叫开，路上你要老实些，否则要你上西天。这家伙吓坏了，连声说好。我们押着他到了警察局，把门叫开后，我们几名队员拿着枪，一下子就窜了进去，高喊我们是八路军武工队，不许动！敌人的枪都在墙上挂着，队员们把枪栓子卸下来装在挎包里，枪栓子没有了，枪也就没有用了。然后他们背上子弹、手榴弹，叫伪军们穿上衣服，拿上枪，押着他们回到了驻地。

对敌人的骚扰是由任凤周同志负责的。晚上10点，他带领20多名队员摸到县城北面敌人的一个据点，他们有的喊话进行宣传，有的打枪，有的放炮。伪军都龟缩在炮楼里不敢出来，他们看不见我们的队员，不知道我们人在哪儿，也不知道我们想干什么，所以，他们就乱打一通。折腾了敌人一晚上，天快亮时，队员们就撤了。以后每天晚上，我们几乎都对敌人进行骚扰。

我呢，则带着十几个队员，由李三宝领着，来到天柱山那个小村子，在老乡家里休息了一会儿。天还不亮的时候，李三宝就化装成送水的，担着水朝着敌人的据点走去。我们跟在他的后面，走到离碉堡大概有300米的地方，就地隐蔽，掩护他。李三宝到了吊桥的跟前，大喊，放吊桥哟，送水的来了。那个站岗的睡着了，喊了几声，才听见。一看是送水的，就放下了吊桥。李三宝走到站岗的伪军面前，把水一放，掏出盒子枪，顶着伪军说，你认识不认识我？伪军说，我不认识你，好像也没见过你。他说，我就是你们的副班长李三宝，不认识我了，那就是咱们好久不见了。说，你们的人都在哪里？伪军说，都在二层。李说，你领我到二层，不许喊叫，否则，就毙了你。伪军非常听话，就领着他到了二层。我看见李三宝进了炮楼，就叫两个武工队队员跟上。进去后一看，伪军都在睡觉。

李三宝心急，他就把盒子枪一扬，冲着睡觉的伪军喊道，冲呀，冲呀。他这一喊，伪军一下子都坐起来了。他一看，坐起来可不行，就又说，都不能起来，不能坐着，躺下，谁站起来就拿枪打谁。伪军们一看，坐着挨打，就又乖乖地躺下了。之后，李三宝就对伪军做开了政治工作。他说，我是你们这个班原来的副班长李三宝，你们有的认识我，有的不认识我。抗战快胜利了，正在实行反攻，所以我呀，就投降了。国民党不行了你再投降，谁要你呀，所以你们投降就要早投降，你早投降可以立功

赎罪呀。你们愿意投降的，就参加武工队，不愿意的还可以给你路费，叫你回家。这么一讲，伪军才清醒过来，原来是武工队来了。我们把伪军押出来后，一把火烧掉了炮楼。

### "你们真是好样的"

娄烦是我们计划攻打的主要目标，1944年9月20日晚，部队按着团首长的布置，都进入了各自的阵地。当时，我们主要的任务是封锁敌人，不让他们出炮楼，为我们挖地道的人创造条件。天亮后，敌人想突破我们的封锁，就组织伪军二三十人，向我们一个阵地发起进攻。这些人还没等攻到我们部队的跟前，就被我们打得死的死伤的伤，活着跑回去的不多。伪军的伤亡很大，冲了两三次以后，见没有什么效果，他们就不再冲了，我们就这样互相僵持着。

我们要尽快完成挖地道的任务，因为地道挖不成，就炸不了敌人的碉堡，这是一个关键。为此，我们动员组织了一些挖煤的群众和我们的队员一起挖地道。这些群众力气很大，而且干劲十足，因为他们经常遭受敌人的欺压，受了不少的苦。此时，家恨国仇都融在一起，并化成了强大的力量和干劲。为了使挖地道的工作顺利进行，军分区还派来两个搞测绘的同志给我们当参谋。

挖地道的工作由陈迎海同志带队，为了尽快完成任务，他们三班倒，歇人不歇马。23日，仅用三天的时间，地道就挖好了。然后，我们把一个装满炸药的木头棺材运进去，并接好拉管。团里决定下午6点钟等英、法、美、苏四国记者团一到就炸碉堡，炸完后，部队就发起冲击。

下午6点，约定的时间到了，英、法、美、苏四国记者团也到了，万事俱备。随着一声令下，"轰"一声，一股黑烟腾空而起，一时间什么都看不见了，尘土满天呀。等灰尘下去后一看，日军的碉堡没有倒，只是炸了伪军的一个碉堡。日本人的碉堡虽没有倒，但是还得打呀，于是，我们发起了冲锋。在我们猛烈炮火打击下，日伪军伤亡惨重。战到最后，日军的金田小队长觉得再也守不住了，而且已经打了三天都没有援兵，感到非常绝望，于是就自杀了。金田一死，敌人都乱了。伪军中队长赶紧集合伪军向静乐县城方向逃跑，我们早就在半路上布置好了天罗地网。他们往北跑，跑到护城沟，纷纷跳到护城沟里，跳下去之后，就散摊子了，兵找不到官，官也找不到兵，于是乱叫。刚一上岸，我们的战士就端着枪，拿着刺刀冲到了他们跟前，大喊，缴枪不杀！伪军中队长一看大势已去，就投降了，其他伪军也纷纷缴械投降。我们清点了一下人数，中队长以下，一共是280多人。战斗取得了彻底的胜利。

战后，我们对英、法、美、苏四国的记者进行了热情的招待，在他们走时，还为他们举行了欢送会，团首长把我们的胜利品送了一部分给他们，包括日本鬼子的大皮靴、指挥刀，还有皮大衣、毯子、罐头什么的。对这次战斗，记者团的记者们一致说，这个仗打得好，把日军、伪军完全消灭了。国民党的宣传完全是对你们的诬蔑，八路军确实是为国为民；抗日根据地不是搞封建割据，而是组织群众抗战的一个好地方。最后，这些老外们称赞我们说：你们真是好样的！

## 刘振华

1921年生于山东泰安。抗战期间历任八路军山东纵队第四支队司令部连指导员、第一团营教导员，鲁中军区三军分区九团政治委员，东北野战军三纵队七师二十团政治委员等职。新中国成立后历任外交部副部长、沈阳军区政治委员、北京军区政治委员等职。1964年被授予少将军衔。1988年被授予上将军衔。

## 在山东根据地的经历

### 打出八路军旗号发动抗日武装起义

抗日武装起义是中央指示山东省委直接领导的。1937年七七事变以后，日本军队进入山东，国民党不抵抗逃跑了，以后就是在台儿庄大会战，我那会儿才十来岁，那个期间我们学校解散了，就回家了，我家是山东泰安大汶口镇。山东省委离开了济南，到了我们泰安，泰安城让日本人占了以后，就挪到了我们家附近的农村里边。"双十二事变"以后不是释放"政治犯"嘛，监狱里边押着一些共产党员，给放出来了，放出来了以后，就

——地和当地的没有被捕的党员联合起来，在各个地区参加抗日武装起义。中央要求山东以八路军的名义组织抗日武装起义，叫八路军山东人民抗日游击队，一共是10个支队，全省范围发动起来了。

正式打出旗号，拉起八路军的这个旗号，就是徂徕山起义。其实当时的起义部队多得很，一共10个支队嘛，有胶东天福山起义，鲁北黑铁山起义，这个有的地方我就说不清楚了，反正我知道我参加的是四支队。还有泰西，泰西是六支队的，后来不是加入冀鲁豫那个地方了，以津浦路为界，以西为冀鲁豫，以东为山东军区了。

1938年1月1日正式起义，人也不多，100多人，我是4月1日去的，差三个多月，我参加的时候就扩大到1000多人了，那时候有三个游击兵团，我是四支队特务连的战士，当时我们村里一块儿参军的有五个，我是最小的，这五个里边现在光剩下我一个了，其他的都没有了。我们四支队司令员叫郭洪涛，政治委员叫黎玉，是山西人，他就是地下党的省委书记。

我参加以后呢，开始没有怎么打仗，打些伏击战、破袭战，特别是铁路边上，津浦路那时敌人没有多大的防范，我们随便可以来回地活动。当时我们就是在泰安这些地方活动，就是扩兵，和国民党的顽固派斗争，那时日本人顾不着，正在打台儿庄嘛。山东当时有什么有利条件呢？过去军阀混战的时候，在农村散落了很多的武器，轻重机枪呀、步枪呀、迫击炮，这些武器，都很多的，当时中央估计起码有10万件，后来看也不止这些，我们那个村，就十几件呀，都是地主掌握着。山东那会儿地主很多，我们开始就是吃大户，找他们要枪，要他抗战，那时讲抗日

民族统一战线嘛，有力出力，有钱出钱，有物出物嘛，我们那时候也是做宣传呀。驻在一个村就是做调查，调查大户，要粮，要钱，然后给他开一个白条呀，到了1939年，我们成立政府以后，叫开明人士吧。

那个时候形势还比较好，山东的这个地下党呢，破坏得不太大，韩复榘和蒋介石的矛盾很大，蒋介石派宪兵三团抓共产党员，韩复榘就组织了一个高级侦察队对付这个宪兵三团，掩护了一部分共产党员。冯玉祥在泰山普照寺，冯玉祥的老师是范明枢老先生，后来是我们山东的参议长嘛，他很进步的，他一家子都参加八路军了，他的孙子和儿子都参加了。开始是这么个情况。

游击队开始打仗是不行的，有些就是这些，说这个日本人很猖狂的，他随便到农村出来抓人、抓鸡、抓牛的，他把枪放在一边，去抓姑娘，咱们这些游击队把他的枪拿了以后，就把他给抓住，这是经常有的。接下来慢慢地锻炼游击兵团，1939年春天一起整军，成立山东纵队了，游击队一个团变成了一个营，这是比较精干的，把全团精良的武器集中起来，培养主力吧。

整编以后，1939年底1940年初，我们在泰安到莱芜两个县城中间打了一个埋伏，一个日本小队，还有伪军100多人，一共是200多人。我们四支队，三个精干营全都参加了，打了一天多，后来我们钢八连和那个一营的二连就进了村里去，把30多个鬼子消灭了。那个鬼子很顽强的，一个活的也没有抓到，全部都打死了，他们死不投降，把他逼到村里去，一个房子一个房子地把他挤了，消灭了鬼子30多个，我们伤亡了五六十个人，我那时候当营的副支部书记，就算是副教导员吧，这是一个比较成功的战斗。缴获鬼子一挺歪把子机枪，一个子弹筒，20多挺机枪，伪军全部消灭了。

以后我们就在莱芜附近一个村打了一个埋伏，消灭了鬼子一个小队，伪军100多人，他们准备出来抢粮食的，我们掌握了情况之后，打了一个埋伏。那一次我们伤亡比较大一点，也是一个活的没有抓到，全部都打死了。

后来我们参加了杨家口战斗、地里沟战斗，都和日本人打，地里沟是消灭了敌人一个大队，装备了我们自己，我们团开始是四支队一团，以后就成为旅，成为山东纵队第一旅，旅长是王建安嘛，这个时候部队就壮大了。1942年、1943年，是比较困难的时候，1943年以后，山东省纵队和一一五师就合并了，合并编成了山东军区，山东纵队的名义取消了，一一五师的名义也取消了，一一五师1939年才去的，差不多迟了一年多吧，他的队伍不大，还是山东纵队多。经过七八年的斗争，敌人一开始很大，以后慢慢缩小了。

## 参加反"扫荡"斗争

1941年、1942年日军"扫荡"，实行铁壁合围拉网战术。那时候我们就变成了二团，我是二团二营教导员，开始我是特务连的教导员，以后到二营当教导员。那个反"扫荡"多了，哪一年都有，这个最激烈的一次就是1941年的秋天吧！吴化文不是投敌了嘛，秋末冬初，鬼子拉网似的"扫荡"，铁壁合围嘛，当时我们副队长就带我们的二营分散到敌后转移，就是你到我的根据地，我到你的敌占区来，在石人坡这个地方，空中有敌人飞机，山头敌人也占着，山沟敌人也占着，我们从这个山坡中间这样打出来，一部分部队占领要地掩护，整个部队就往前走，山坡

不是有梯田嘛，走到山下打不着，硬是从敌人的两面夹击之中冲出来，冲出来以后就到了我们家乡的附近，打敌人据点。把那个汉奸组织打掉，建立两面政权，表面上应付日本人的，实际上是共产党领导的，找那些能说会道的，应付应付日本人，我们到敌后时实际上是帮助我们。村长名义上是维持会长，实际上是我们的村长，因为我们上敌后去的地方，都是过去工作关系基础比较好的，这样他们就给我们送情报，情况了解得清楚，打敌人比较准。打了好多小仗，打据点什么的，最困难的就是1942年末、1943年一年，1944年就好了。

困难到什么程度呢？那"扫荡"，什么铁壁合围，什么壁虎式的"扫荡"，就是我们的根据地，被敌人穿来穿去，穿了好几遍，"三光"政策嘛，烧光、杀光、抢光，村子好多都烧光了，都被清洗过了。但是好处呢，人们还是求生的本能，因为特别是沂蒙山区，搞的那个梯田呀，那大寨一样，野战医院，伤病员，从这个梯田里面逃跑，躲到病号房里面去，医院，后来抗美援朝医院挖山洞也是那样，挖洞，河北平原不是地道战嘛，山区就是挖山洞，藏粮呀，藏物呀，坚壁清野呀，敌人就是叫"扫荡""三光"政策，我们就是坚壁清野，叫你们看不到人，你要烧就烧，要杀就杀，要打就打吧，这样子保存自己。

鲁中一个是在沂山蒙山，一个是在泰山，反"扫荡"的时候，山东分局在那儿，我在特务连呀，就是跑出去了一个连长，三个通讯员，一个连为了掩护这个机关转移，几乎全连牺牲了。再一个就是孟良崮，是十三团的一部分掩护这些部队转移，原来我在那个连，后来分局要去了，然后打过太崮，在沂水的北部呀，山特别险，就是整个的一个山上凸出来了一块，出来一个二三十米高的一个沿，上边是平的，可以种地，叫崮，72崮嘛，上山一条路，没有第二条路，爬上去，我们那个副团长，负伤后，养伤就是在山上，鬼子连飞机打，1000多鬼子把那个攻下来了，以为山上住了好多的领导人，实际上就是一个副团长，一个县长，在那儿养伤。山上有一个小的医院，还有一个小兵工厂，后来鬼子也占领了。

最残酷的是1943年，这一年是最困难的，没有什么吃的呀，吃地瓜根、煎饼什么的，我们是到敌后，特别我们那个营，我不是泰安大汶口镇底下的嘛，我们住在新泰、泰安，那时候，那里头粮食比较充足的呀，都吃细粮，吃馒头，吃大锅饭，还有烧饼，再加上打了汉奸据点，打下来一个后，也就有吃的了。1941年底，我们连军服都没有了，后来我们自己缴获了一些布匹，各种各样都可以自己做，遮体御寒呗。1941年、1942年、1943年，这三年最苦，苦到什么程度呢？连队的战士呀，这个都有痢疾病，很多，连里有好几个人，一个班都没有战斗力呀，晚上行军一个晚上走不了20里路，那时夜盲眼，没有油水了。后来罗荣桓担任军区司令员兼政治委员了，提出来敌进我进，保持力量，不要打大仗，不要打硬仗，就是分散活动，你到我的根据地，我到你的敌占区，这样子坚持打完了这一段。还有一个就是"打狗运动"，所有的狗杀着吃了，也是减少目标，因为我们的活动，敌人在"扫荡"的时候，我们走到哪里，狗都村连村地叫，敌人就发觉了呀，同时我们也发觉敌人了，"打狗运动"也解决了一些饮食不足呀，这些都在山东起了很大的作用的。

我们分散就食，到了敌占区以后呀吃的没有问题，就是天天打仗，敌人来了，能打的就打，不能打的就走了，吃饱了以后有

劲了。另外就是打伪军呀，打伪政权呀，打一个据点，就能缴获吃的用的，都可以解决一点。

再一个就是抓到后就找他要钱，这个就是拿钱赎人呀。在我们那个泰安南边紫窑镇不是有煤矿嘛，日本占了以后呀，工程师的老婆是天皇的侄女，被我们游击队抓到了，抓了以后，日本人"扫荡"就是到处找她，就是讨价还价，说是给多少武器多少弹药才能放这个皇姑，接下来就是换回去了，就是这么一个故事。接下来还给编了一个戏，没有看到演出，挺有意思的，我也没有参加。在我们那个泰安那边，那个说法不一样呀，有的说我们军区武工队，还有三团说是他们抓的，不管怎么抓的吧，都是军区的作用。接下来就和日本人也来往，和日本交换武器、弹药，他们的物资困难，因为土产品都在我们共产党手里，所以这个革命斗争呀，很有意思的。

## 开始了战略反攻

到1944年的这个春天开始，我们就反攻了，打下了好多的县城，这时敌人收缩了，主要是搞太平洋，日本人把兵力投入到太平洋战争，兵力单薄了，太分散了，以后又是袭击美国珍珠港，美国一参战，他的兵力就分散了，这我们就是反攻了，就是收复过去的地区，一直到津浦路边呀，那时候我们山东自己根据地出的这个票子（纸币），和日本老土票一样的价钱，因为广大的农村我们占着呢，农产品，你像济南呀、青岛呀，四面八方都是乡村包围城市，城市吃什么，他吃粮也得从农村里运，这个农作物，蔬菜，特别是烟草呀，那个是很赚钱的，就是山东搞得很好的。萧米乔，山东工商管理局的局长，都说山东成了个小国家了，有政府，有工商部门，还搞了一些小工厂、小作坊，山东省的盐、烟草，这都是赚钱的，我们的农产品换日本人的医药、弹药，在山东一些矿区，煤矿了，什么好多的金属矿呀，他有炸药，用那个炸药做爆破嘛，打敌人的据点，都是从山东开始的。因为最早是我们团里的副团长，是东北抗战的连长，负伤以后到苏联去养伤，伤好了以后，就是学苏联的军事学校，学工兵技术爆破，他派到我们山东当我们团的副团长，他就组织了一个爆破训练班，就是学着自己造这个炸药，然后呢，开始时我们不懂怎么用，接下来他教我们把战术结合起来，炸碉堡，那是我们最笨的时候，攻一个据点去掏洞，掏地洞，把炸药放在里头，然后攻呀，接下来这个办法就是挺有作用的，后来攻了几个城市打了几个县城，打城墙，那时候，城市都是有城墙的，那时候没有炮呀，就是用这个，喊口号，赶快缴枪投降，不投降要叫你们坐"飞机"了呀，坐"飞机"就是掏洞，把炸药放在底下，然后一下子攻掉，后来就是弄一个支架，把炮点着后，放在那个炮楼的根上，因为他的炮楼总是有一定的死角吧，这个爆破技术是从山东开始的。后来山东的部队到东北去攻城，好多都是用这个，而且非常地有效呀，炸敌人的外壕，炸敌人的围墙，炸铁丝网，都可以这样的，那时候没有现代化的武器，只有用这个笨办法。

到1945年的春夏，基本上就把敌人压缩到交通线上，离开交通线的县城我们都占了，接下来就是剩下了一个青岛、济南，包括我们的泰安，泰安以后也打下来了，再往南就是徐州，上边就是天津，中间这些地方都被我们收复了。

这几个县吧，一个泰安，一个莱芜，一个新泰，还有泗水、费县、蒙阴、沂水、博山等，这十几个县，五个二级军区，从南

边数，第一个就是鲁南军区，从兖州到十九团的这条公路以南。鲁中军区就是津浦路以东，胶济路以南，沂河以西这一片。滨海军区，这就是沂河以东，从连云港呀一直到青岛这些地方。还有一个胶东军区，就是胶河以东，大概是十几个县。还有一个渤海军区在德州、济南以北，回民占的地方，胶河以西，包括黄骅等河北好几个县，开始时叫冀鲁边嘛，北边河北几个县，南边江苏几个县，都是归山东管的。

五个二级军区，后来各个军区都编成野战师，滨海就是山东军区所在地，一一五师师部，成立一师、二师，都是过去一一五师的老基础了，也就是现在的三十八军的一一二师、一一三师。这个鲁中军区成立两个师，一个三师，一个四师。胶东两个师，一个五师，一个六师，渤海的七师，鲁南是八师，成立了八个野战师，就是集中了这个主力部队吧，能打善战的，运动战、攻坚战，都能打的。八个野战师、八个警备旅，还有好多的独立团，后来又打了几个硬仗！

## 离开山东奔赴东北

1945年抗日胜利，当时我在鲁中军区三军分区当政治委员，那时我们已经有了收音机了，可以听延安的新华社的广播了，再一个就是上边也有电台、通报，我们团里就有电台。当时很高兴，日本投降以后，我们还打了一仗，没有打好，那时我们军分区司令员领着我们团和八团，两个团去打泰安城，泰安当时有日本人一个大队，伪军1000多人，伪军这个头呢，想投降，想起义，跟我们透露了以后，我们围城以后呀，他就领着我们进去，里应外合，结果呢，他暴露了，把他给杀了，我们当时不知道呀，结果抵抗得很厉害，我们伤亡也不小呀，光打下来的东关与北关，城攻不动呀。以后呢，就是肖华带着我们，中央委派他是济南市的市长嘛，带我们去接收济南的日本人投降。日本人不投降，投降国民党也不投降共产党，这时候，就接到命令了，调我们到东北，开始是鲁南先去的，抽的是 30 岁以下的年轻的团以下的干部，组成了 600 多人吧，叫赴东北干部营，我在那个营里当副政治委员，我们营长是十一团的团长，还有一个副营长，是十团的副团长，还有一个地方上的县委书记，他当营政治委员，我们四个人，带领着 600 多个干部，到山东蓬莱那个地方上船，到庄河，48 个小时就过去了，过去得很快，肖华我们在前边，五点，他先过的，我们接着跟着过的，全是穿便服，当时以什么名义接收我们，内部叫赴东北干部营，对外面讲就是回乡青年，过去，从东北逃出来，现在回去，日本投降了。

这个解放战争期间，山东出兵上百万啊！当时中央不是调了 4 万军队 2 万干部抢占东北嘛，这八个野战师，去东北去了六个，再加上警卫旅，还有东北军起义的那个部队，一共去了 6 万多。像你们知道的部队，河北的三十八军，东北的三十九军、四十军、四十一军、四十二军、四十三军，这些全是山东的，二十七军也是山东的，八个师里边的第五师、第六师，各一半，一半留到山东变成二十七军，一半到东北就是四十一军，所以说这个山东纵队啊，在这个抗战期间和解放战争期间，出了大力了。我几次去看徂徕山纪念碑，建议他们搞一个纪念馆，搞一个纪念林，徂徕山那边林子很多，现在是国家级的林场。

## 刘宝俊

1927年生于河北沧县。抗战期间任八路军渤海回民支队营副参谋。离休前在宁夏自治区人大常委会办公厅工作。

# 回忆渤海回民支队

### 回民支队建立初期

我1942年参加回民抗日救国总会，是冀鲁边区的，在那儿当交通员。后来，编入渤海军区回民支队。我当过战士、排长、副支队长。这个回民支队呢，是在一一五师一部到山东以后，那边回民较多才成立的。

抗日战争期间，华北有两个回民支队，一个是冀中回民支队，一个是渤海回民支队。冀中回民支队是在沧州以西，渤海回民支队是在沧州以东。冀中回民支队司令员是马本斋同志，渤海回民支队支队长是王连芳。王连芳后来在云南省委任过职，当过全国政协委员。这个副支队长呢是刘振寰，政治委员是刘杰民，政治部主任是李子华。王连芳也是回族。副支队长刘振寰同志是回族。

这个回民支队是1940年的8月，在沧县的新县镇成立的。刚成立时人不多，也就是二三十个同志，全是回族，有一个孙保旗同志是汉族。那么到1941年，就发展到400多人。因为是回族地区嘛，回民踊跃参军，汉族同志也参加了。

1941年发展到400多人之后，就成立了四个大队，有一大队、二大队、三大队，还有一个手枪队。手枪队是直属连队，他有一部分手枪，有一部分长枪，执行任务时，全是突然袭击，比较艰险。回民支队在这里发展为什么这么快呢，他主要是在回族地区。这个日本鬼子到那儿后，真是到处杀害老百姓，拿老百姓当共产党当八路军对待。我们那时也不穿军装，全是老百姓衣服，所以这个衣服就分不清谁是八路军，谁是老百姓。所以鬼子见着年轻老百姓就打，看到年轻的跑就拿机枪扫，这样子，死人多了。越是死呀，民族气愤就来了。所以干什么去呀，那时候就是当八路军去，当八路军是唯一的出路。

## 反"扫荡"作战

我们那里是盐碱地，盐碱地不长东西呀。部队打游击，那时吃饭没有灶，都是老百姓给吃的，很艰苦。1941年日本鬼子就开始"扫荡"了。到了1942年，大"扫荡"，"五一大扫荡"，日本鬼子集中了汉奸，集中了1万多人，对我们的渤海区围攻式"扫荡"。那时"扫荡"就是搜八路军，所以我们根据毛主席那个指示，那个《论持久战》，就展开游击战了。持久战三阶段，在

这个持久战当中，敌强我弱。我们那会儿没有什么武器，只有从汉奸、日本鬼子手里夺枪。子弹也不多，还不敢大量消耗子弹。武器杂牌，有这个汉阳造、湖北造，还有那个捷克式、三八式。三八式是日本鬼子最好的枪，相当于现在的自动步枪，那个枪打得特别准。我们从他们手里夺过来，武装我们。

回民支队第一次战斗是我们王连芳支队长，在沧县午龙堂指挥打的。打死了日本鬼子20多人，还俘虏了一个中队长吧。战斗打胜了，一下子轰动了沧州。可是日本鬼子随后把那个村子烧了，就剩一个庙没有烧，把老百姓的房子全点了。那个村子几乎没有留几家，体会了日本鬼子抢光、烧光、杀光"三光"政策。

"三光"政策，那会儿就开始了。把牛驴牲口都给拉走，宰了吃掉，房子给烧掉。杀呢，把你的人杀光。你有多少人呢，都用刺刀捅，一捅一刀，特别惨。这样还能活呀，就引起了沧州人的愤怒，就鼓励青年人参军。

我那会儿参军才15岁，我15岁参加了抗日。那会儿参加抗日，也没有什么吃的。没有钱呀，在老百姓家里面轮着吃。到1942年，鬼子大"扫荡"，有时一天吃不上饭呀。1942年还大旱，庄稼大旱，8个月不下雨。老百姓哪有吃的，老百姓积存点东西，自己也舍不得吃，给我们留着。那会儿吃的什么呢，吃的是糠，就是那个磨下来的糠，跟现在的麸子一样，就是没有麦子，是玉米呀、高粱、豆子磨下来的糠。我们还吃野菜，黄菜苗子。老百姓给我们吃的，老百姓把八路军当子弟兵呀，对八路军真爱护。我们走了一天，吃不上饭，到了村子还要到各家里去要，要了后才能吃上饭。吃的那个窝窝头，又黑，又黄，那么一块一块的，哎呀，我们还吃树皮、树叶子。槐树叶子苦呀，也吃，槐树叶子和粗粮拌一拌，吃那个东西，真是艰苦。那时，我们意志很坚定没有动摇的，因为没有出路嘛，就是跟着八路军，跟着共产党抗日，把日本鬼子汉奸打掉，打出去，人民才能解放，才能过上幸福的生活。

我记得有一次，1942年和日本鬼子盘旋，到了一个很洼的地方，很荒凉的地方。我们隐蔽下来，敌人看不见。敌人开着汽车，骑着马，扫我们。我们在那儿趴着，不动，不暴露目标，到了太阳偏西了，我们有一个战士叫张树桐，倒躺着，脚冲上，头朝下。指导员张文同就问，你怎么这么躺着呀？我饿嘛，饿得没有办法。他那会儿才15岁。参谋长说，同志们再坚持一会儿，太阳落了后，我们再到村子里吃饭去，就惨到那个程度。我们和鬼子周旋了一晚上，到了早上10点钟左右呀，太阳在东边了，那会儿也没有表，当时就是看太阳。我们部队进了村子，支队长王莲芳和副政治委员刘济民带着。四大队的大队长刘锡山同志，50岁了，他在那个村子有基础，他认的人多，找了点窝窝头，叫通讯员给支队长送去了。两个人掰开吃，你一半，我一半，说，真香呀，真香呀。两个人就说了那么一句话。那是支队的首长呀，所以我们那会儿艰苦呀。

我们在一个村子里住，是不让出来的，因为敌人在"扫荡"呀，就全在一个房子里，在一个炕上。那会儿那个炕呀，一个炕挤八九个人，三四个人盖一床被子，盖老百姓的被子，我们哪有被子呀。那会儿各个人身上的虱子，扒拉扒拉就能下来。那不洗澡嘛，又没有肥皂，又不脱衣服，那一出汗，哪能没有虱子呢。有一次我们到了海边，一个叫小山的地方，是八路军的根据地。支队长说，咱们在这儿休息休息，日本鬼子不到这儿来，咱们在

这儿休息，对虱子来个大"扫荡"。就把虱子弄了一顿，那衣服里面全是虱子。

那会儿我们和日本鬼子打仗，就是按毛主席那个论持久战说的，敌人攻，我们退，敌人不攻了，我们进攻。我们是利用青纱帐战胜敌人的。我们那里是一马平川呀，没有山，就是挖交通沟。把那路挖成沟，隐蔽，敌人的汽车过不去，马不好过，我们才能跑脱。那会儿精神真是大，现在回想起来，很艰苦。

打击敌人，武装自己，有时我们是拿命来换枪，从敌人手里夺枪。我记得我们那个手枪队，一次赶集买了一点儿瓜，给敌人送。敌人就问，干啥的？我们说，请吃瓜了。我们那个景伟旗同志，捧起了一把土对敌人撒去了。敌人傻眼了，敌人一傻眼，把枪夺过来了。景伟旗当时是手枪队队长，抢那个枪也不容易。

再一个就是打游击的时候，在山东的阳信县、庆云县，还有一个无棣县，被我们主动打下来了。打了以后，那会儿我们的枪都背不了了。枪和手榴弹，就给地方了。我们那会儿手榴弹多，用小手榴弹打敌人，缴获武器。我们每个人三个手榴弹，敌人来了，我们一个手榴弹过去，放倒他几个，上去抢枪。汉奸、日本鬼子很怕手榴弹这个东西。在艰苦的时候，尤其1942年，庄稼颗粒无收，我们还能打击敌人，消灭敌人。

派来的参谋长，叫何士兴，是四川人。他是长征干部，是平型关战役下来的。很艰苦，很朴素，指挥战斗很在行。

### 成功的统战工作

游击战以外，我们还做统战工作。我们的政治委员、支队长，都是回族，很有回族群众基础。有个张增旗（音），他在日伪军里当兵。他春节回家过年了，我们的支队长，就派人到他家里去联系，说你不要给日本卖命了，你还是到八路军这边来。到八路军这边，你的家属我们按抗属待遇。那会儿抗属优待呀。你按八路军士兵待遇。最后说通了，他答应了，说，你们来，我在那儿站岗，我拉下绳子，在那个东南角，把你们拉上来，然后咱们一起开开大门。这一下俘虏了20多个汉奸，夺了20多支枪。他后来跟了部队，他改了名字，不叫张增旗，叫张福得。到部队就当了班长，后来解放战争的时候，他又当了排长。

再就是我们逮着俘虏，返回去，好吃，好喝，好待遇。你不在这儿当八路军，就把你放回去。放回去后，你带着任务，我们说，回民嘛，是吧，咱们全是回民的亲戚，你回去做他们的工作，不要给日本鬼子卖命了。这些俘虏回去后，也起到了良好的作用。他们再和日本鬼子一起"扫荡"，见着了回族支队，打枪，就只往天上打。不冲人打，不死人呀，日本鬼子只听到他们响枪了。这样子我们就抓日本鬼子，日本鬼子他才有几个呀。他们100人有20个日本鬼子就不错了。20多个日本鬼子带头，是100多个汉奸维护他们。机枪呀，步枪呀，光响，打的是天上，不打人。我们的统战工作就到这么个程度。

鬼子"扫荡"的时候，有时我们部队的伤号、病员，就上敌人据点待着去，到他的据点里的村边住着去。这主要都是回民支队做的统战工作。

一次，在河北省盐山县，鬼子"扫荡"，把村民全从家里拉出来，集合在打麦场里。看年轻的，你是八路军吧？拉出来。有一个叫刘景挺，小名叫小白，他是抗日总会的，把他拉出去了。有个老大爷叫刘铁连，就说这是我的儿子，不是八路军。日

本鬼子拿刀拿枪就打他。老头子说，那是我儿子，不是八路军。这个刘铁连大爷，舍命把我们的战士保护了下来。老百姓对我们这样子爱护呀。

还有一次，我们和日本鬼子打仗周旋。我们有个战士叫潘书军，掉队了。他那时没有军装，穿便衣，鬼子怀疑他是八路。有个老大娘说，这是我女婿。其实她的闺女还没出嫁呢，还是个姑娘。你看老百姓多亲切呀。结果敌人就放了那个战士。在村子里，老百姓就这么掩护我们。所以这个统战工作很重要。回民支队发展这么快，能生存下来，主要是群众关系好，工作做到群众家，老百姓拿我们当一家子。我们几百人，哪儿住呀，就是住老百姓家。老百姓知道我们要住宿了，一家子，三代人，挤到一个炕上，给我们腾出来地方。我们到了那里，大娘大爷的，连我们名字全知道。游击战嘛，一天出来，一天回去。有时五六天转一次回来，几个县地跑。那会儿跑的，有沧县、海兴、盐山、无棣等八个县吧，和日本鬼子在八个县转。你想呀，他转不过我们呀，我们一天走一二十里地。为了躲避敌人，我们晚上走，伸手不见五指呀，那会儿呀，就这么走呀，有时还没有饭吃。如果侦察员没有侦察清楚，遇见敌人了就得打，打完了，就得跑，跑就吃不上饭，有时饿得眼发花，全仗年轻，包括我们支队长才30多岁。我们政治委员也是走到哪儿，到老百姓家里要点吃的，赶快走，就转移，不能把老百姓给牵连了，不能暴露目标。我们住在哪儿，晚上也得有站哨，防卫。晚上两个人一个哨，敌人下来后，你一个拿不下来，两个人，双岗，往那儿一挡，就行了。我带哨、查哨，我们那会儿也没有表呀，我们朝老百姓要香，这一根香点完了，就叫那个班来放哨，我们再睡觉去。连长、指导员，他们全没有表，就用香来看时间。有时候到了庙里，庙里不是有剩的香头呀，我们把他拾来，点上。点三根香，就是一个钟头，就叫岗，就那么干。

### 用各种方法掩护自己

华北那村子，十里五里就一个村子，那村子离得很近的。晚上在老百姓炕头上，我们说话不点灯，一点灯，有亮，就知道有人，敌人就可能知道。我们那会儿还把狗全打死了，不让养狗了，那狗老叫呀。尤其老百姓把狗放屋子里，不愿意撒出来，一有动静，那狗就叫，一叫，那敌人就来了。那会儿就不让养狗了。那驴，不是得驮东西嘛，那个驴尾巴给它拴上个砖头它就不叫了。你给它拴上个砖头它的尾巴摇不起来，它就不叫了。我们把驴全都驯服了。

那会儿对支队首长，我们不叫首长，也不叫支队长，叫班长。一班长就是我们的支队长，二班长是我们的政治委员，三班长是我们的副政治委员，四班长是我们的参谋长，五班长是我们政治部主任，要不就暴露目标了嘛。部队那会儿艰苦呀，得用各种各样的方法来掩护自己。

### 回民支队很团结

我们这个回民支队很团结。支队长、政治委员、政治部主任是回族的。有个副政治委员是汉族，参谋长是汉族。参谋长是个老红军。他们首先一条不吃猪肉。渤海军区周政治委员，后来在冀南军区当政治委员，告诉他们，说你们去了后，不能吃猪肉，不能住清真寺，要尊重回民习惯搞好团结。若是吃猪肉，你们就

是违反纪律。他们全不吃猪肉。回民支队发展到上千人之后，咱们汉族同志全不吃猪肉，全是吃清真灶。

1944年，过年的时候，支队长叫我们的参谋长、副政治委员，带着汉族同志到汉族家里去过年。为什么呢，为了照顾他们呗。他们知道后，马上回来了，我们不去，吃就吃一块儿的，不吃猪肉，在一起过年。那会儿一个大队是一个班，60%是汉族呀。就是十个人里头有六个人是汉族呀，发展到这样，但是汉族的干部战士全都尊重回民的习惯。我们那个时候团结呀，了不得呀。当时那也不是假的，天天吃猪肉，哪来的猪肉呀，能吃粗粮就不错了。那会儿赶上过年，赶上改善生活，全是吃牛羊肉。团结嘛，回汉团结。有好几个大队长，汉族人呀。刘华，四大队政治委员，汉族，山东人，他到这儿来，也不吃猪肉，尊重回民。我们一起战斗，一起生活，都是那么过来的。

在发展党员上，提拔干部，不分回汉，只要有能力，能战斗，一样提拔。回民支队不是光回族人当官，当领导，入党，不是的，那汉族干部也提拔。我们的副政治委员刘济民就是汉族嘛，他是管发展党员的，对回民汉民战士一样对待。一次他发展了11名党员，全是回族战士。那时党员不公开，秘密发展。不像现在还要写入党申请书。那会儿，问为什么要入党？要打日本鬼子。就那么一句话。就是打日本鬼子这一条，打仗勇敢，遵守纪律就可以。

我那会儿入党，就是行军替同志背枪，一人背五条枪。他们走不动呀，我就全拿过来，脖子上挎着，手里也拿。到最后，我们排长看见了，说怎么回事呀，全叫刘宝俊背着，刘宝俊也不是驴。我入党较早，17岁就入党了。到了村子，给群众打水，给老百姓打扫院子，帮老百姓干活，把驴棚里那粪打扫出来，倒掉堆起来，还宣传抗日。我是这样入党快，提拔得快，打仗我也积极，我到了部队就代理班长了。我是士兵委员会的主任，那时候做群众工作，和战士团结。你不团结你能当士兵委员会的主任嘛，我个人感受最深，我是党培养的，领导那时对我关心，才逐渐成长起来的。说到这，比我参军早的也有，但有的他就是吊儿郎当，不注重这些东西。我是很重视这些的。因为我很贫寒，所以我很知足。

### 队伍发展快，主要是因为群众关系好

我们部队唯一的一个女同志，有时候在地方，有时候跟着部队走。女同志参军很少呀，那时候家庭很封建。一般她在地方做抗日家属的工作，联系动员群众做鞋做衣什么的。有个抗日模范邢大娘，她是盐山人。邢大娘两个儿子参军，一个在地方，一个在部队。她给我们做鞋。我们去了后，都到她那儿换新鞋去。那会儿我们的群众关系相当好。在黄骅有个村子，他家的红薯在地窖里埋着，我们一去，就给我们拿出来，给我们煮红薯吃。我们没有吃的，就到那儿去。牛家庄有个张连响大爷，我们到他那后，他给我们吃瓜。他说，你们吃吃。我们说，到时候给你付钱。他说，付什么钱呀，我就为给你们吃的。一担子瓜给我们吃了不要钱。他儿子呢，1942年吧，叫敌人杀了。他说，我儿子死了，我还有你们这些个。他挑了一担子瓜就是为了给我们八路军吃的，是甜瓜，一个钱也不要。

离天津很近有一个村子，那个据点500多汉奸，也叫民团。他是出卖人民的。我们打进去后，一大队的政治委员张文林同志

和他们的汉奸头子是同学，到那儿后，就喊，我是张文林，你们叫他们投降吧。就在那儿喊口号，500多人，最后开开大门就投过来了，有九挺机枪，还有一门迫击炮，都缴了。拿下了这个据点，我们和天津就打通了。打通后，1945年，那个火柴呀，什么洋碱呀，布呀，就通过来了。什么糖呀，茶叶呀，就进来了。

  我觉得我们这个队伍发展得快，前前后后，就是因为群众关系好，统战工作做得好。1943年，有一个汉奸，是山东回民，带着20多个人跑出来了。他们有3挺机枪、2门小炮、20多支枪，想另立山头，我们支队长就设法做他们的工作，叫地方的和他们接头，说，你们别走了，到我们八路军这边来吧。最后他们全到我们这边来了。我们就成立了六大队，在那个20多人的基础上，又调了一些干部进去，成立了一个六大队。这个六大队很好呀，全是正牌的国民党装备。齐家武打下来后，又成立了个大队。1945年打下黄骅后，发展到了八个大队，1800多人。1945年，解放了五座县城。所以，现在渤海八个县，人们还在说起这个回民支队。

## 孔凡玉

1924年生于山西赵城（今属洪洞）。抗战期间任八路军一一五师独立支队滨海军区海陵县独立团四连指导员。离休前任北京军区炮兵政治部主任。

# 亲历海陵县独立团几次激烈的战斗

### 海陵县独立团的来历

我是从1938年当兵，到1946年当教导员离开连队，这期间一直在连队，一直在打仗。当时我是在海陵县独立团，属于山东军区的滨海军分区。海陵县，就是现在江苏连云港的东海县，在抗日战争的时候，这一带归山东管。

海陵县独立团是东北军五十七军的一部分，另外还有一部分，是一个青年人叫宋树仁，从另外一个连带出来五十几个人，加起来是100多人，从东北军跑出来到了山东军区，说，给你一块地方，给你一个番号，叫五十七军独立营，独立营人多了，变

成独立团，独立团人多了，变成独立旅，独立旅有三个团。因为当时阶级路线也不对，成分也不同，土匪什么的都有，很快的日本人一"扫荡"，给垮了，就只剩了一个旅。因为当时是统一战线，叫五十七军独立旅，老百姓叫他"三不归"，不归共产党，不归日本人，不归国民党；也叫"三不管"，没有什么群众基础。1942年，形势一变，日本鬼子一"扫荡"，一"蚕食"，一安据点，这个部队很快就垮了。

另外从大的方面讲，山东当时是比较右的，刘少奇过来后，批评山东分局说，实行一元化领导，罗荣桓一个人兼山东省军区司令员、山东省军区政治委员、山东分局书记。罗荣桓觉得部队的面貌还是不行，还是要公开是共产党部队，所以就把还剩下的四个连改成海陵县独立团。

### 智取大兴庄和演马庄战斗

1944年纪念七七事变七周年的时候，海陵县独立团和海陵县委决定用实际行动来纪念"七七"，怎么一个实际行动呢？在我们根据地有一个据点，叫大兴庄，就是日本鬼子安的据点，那时候没有日本人，只有100多个伪军。他有外壕、有围墙、有碉堡。我们当时就着急了，我们没有战斗力，当时想了个什么办法呢，尽量地智取。怎么一个智取法呢？就是咱们有一门六四的大炮，炮弹早就打光了，也没有什么来源，炮就是跟那个纸筒子一样，后来从外面传出经验，就是把那个炮弹土造，就是在那个屁股上打一个眼，把农村的土炸药放进去，还有那个沙子都放进去，完了在外面放上一个捻，一点着，直射也能把这个围墙给打一个洞。为了大造声势，把那个大炮用四个驴子拉着，在村子里转了一个星期，让汉奸看见，好让他给敌人报信。果然汉奸看见以后就报告那个大兴庄，他们弄了一个大炮，那个大炮很大，有多大弄不清楚。到 7 月 6 日拂晓以前我们就把大炮拉到那个大兴庄，离着围墙就是几百米。7 月都是那个高粱地，把炮放在他们能看见的地方，把那个高头大马打扮得非常漂亮地在那儿吃草，一会儿能看见，一会儿看不见。这四个连一会儿就变成了五个连了，把这五个连的任务就分了。一连、二连从西边打，三连、四连从东边打，五连组织游击队，打的话就这样打。到 9 点钟我们给他们下了最后通牒，限你下午 1 点，给你三个小时的时间投降，不然打进去以后一个都不留。真的就奏效了，敌人到 1 点就下了白旗了，就开城，我们连长带兵就进去了，进去以后就把敌人交接了。100 多个伪军，缴了两挺机枪，一个大队长带着。他们大队长出来以后就看那个炮，到那儿他还摸一摸，还说"好"。我们的战士说，不好能把你请出来吗？这就是智取大兴庄。

这个战斗，把这个据点给拔了。此后，为了不让敌人再安据点，就把他们的围墙给弄坏了。这个时候团里就命令一连，在东边做掩护，我们四连就驻在大兴庄，任务就是破坏炮楼、地道、围墙，把围墙扒倒，把壕沟填平。那时候我们就动员附近的老百姓，光靠我们是不行的，光一个连 100 多人到什么时候呀，另外你不是还得打仗嘛，我们就动员附近的老百姓，包括大兴庄的老百姓，好多人，一边给他们讲政策，一边动员他们一块儿干，很快地，到晚上 12 点左右，就把围墙全部推平了，把壕沟也填平了，全都填平了，就和一般村庄一样。

那这时候我们就休息了，连长带部队反"扫荡"，因为敌后群众组织非常严密，所以情报也很急，下面我们就讲这个演马庄

战斗,这和这个连是一块儿的。一天晚上,我们给群众做了宣传以后,群众就散了,我们平地道的任务也完成了,来了几个家属,有的就希望来看看孩子什么的,我就陪着家属说话,介绍当时的情况,连长查完岗哨以后就睡觉了。咱们那时候,一般的就是天不亮4点左右就开饭,成习惯了,开完饭以后,背包都打好了,子弹也备好了,当时把枪一抱,把帽子往头上一盖,枕戈待战。吃完饭睡觉,派出一个班做流动哨,在我们前边转,提前可以发现敌人。大概就是夏天天亮得早,到4点多左右,"喀喀喀喀"战斗打响了,哨兵发现敌人就打了,机枪就响了。我说不好,有情况,赶紧集合。连长叫陈可,战斗中牺牲了,他是东北人,挺好的。连长说,我带一个班去上哨所,他们的村子东面有个哨所嘛,我们规定好的集合点,一般的那时候都习惯了,有几个方案。每次,你驻下以后,都有几个方案,什么情况在哪儿集合,还有打散的时候,怎么办呢,在哪儿集合。说好在另外一个村子集合,等我跑到村子西面的时候,部队已经集合好了,连长带着一个班就上哨所了,大概过了不到10分钟,通讯员跑过来了,说已经干上了,连长负重伤了。我们二排长叫张文斌。我说,张文斌,赶快去吧,带二排去支援,务必把连长弄下来,不能把连长给丢了。又告诉卫生员小宋说,你千方百计要把连长给救下来。跟连长一块儿去的,有一个二排的副排长叫滕幸武,这个人是英雄,就是没有追认英雄,他也负伤了,他一拽连长,肠子给出来了,就把肠子给摁进去。他又背连长,一背连长,又掉出来了,又掉出来以后呢,他就把衣服脱了,又包起来,包起来以后不能背了,就拽着匍匐前进,退到咱们的这个100多米的门槛下面安全的地方,等到卫生员赶到的时候,连长和这个二排副排长都牺牲了。那这个时候，光知道连长负伤了，派了二排去了，那我就得想办法了。副指导员赵达，现在这个人是在上海体委，他是知识分子、大学生，是东北军的，是五十七军过来的。我说，老赵你带着一个排，一挺机枪，你先往南去，完了以后再从南向北打到敌人侧面去。他走了以后我们就剩下一排了，三排他带走了。我和一排就在正面，大概有个10到20分钟，战斗就打响了，那个机枪一打敌人就乱套了，出来的敌人有200多个，是从沙河出来的伪军，他就跑回沙河去了。演马庄与沙河中间就隔着十几二十里地，他跑回沙河去了，剩下一部分小鬼子，他们也不知道是从哪儿来的，他不往北去，（往北去）可能就跑掉了，他就往回跑，往南面跑，我们就拼命追，死劲追。他在高粱地里跑，我们在高粱地里追，追到演马庄以后，不见了，没了。没了怎么办？队伍就集合，演马庄是个很小的小村子，只有两个院子，一个南院一个北院，有围墙，就一个地沟炮楼，鬼子全部跑到这个院子里去了。我们就找不到敌人，就准备收兵回营，就集合队伍了。全连集合以后，少两个人。故事就是故事，巧就是巧，少的两个人，一个叫刘勤传，另一个叫什么我忘了，少二排的两个人，那就找啊，没有几分钟一个战士就跑来，气喘吁吁地跑来说，鬼子就在那儿，鬼子就在那儿。我说，你慢点说。他说日本鬼子就在那个院里头。他是追在前面的，他追得渴了我就叫他到老百姓家喝点水，这意思，他也不知道鬼子在那儿，一推大门，鬼子端着刺刀在院子里。他俩赶快就跑，就跑回来报告，说我们发现了鬼子就在那里。

我们就去了，简单地给三个排长一看，周围的环境很清楚，他只有一个西门可以出来，别的地方出不去。就开始分任务，以

一排为主，从西边往里攻，两挺机枪都架在西边，如果他出来就把他消灭。三排长带着一个排从北面挖洞进院子，一般的情况，那时候没有砖瓦房，都是土墙，所以三排很快就打进北院了。但是进不了南院，鬼子在南院，他就上了炮楼，两挺机枪封锁着进不去。炮楼上有个射击孔，开始想从大门推开进去，推了几次推不动，我们几次推不动，估计是我们战士跑了以后，小鬼子把门一挂，拿什么顶住了，肯定是这个情况。他发现我们追他，他可能想藏起来，你不知道就过去了，如果不是这两个战士，这样就完了。后来就想办法，你推不进去，挖坑也不好挖，下边都是树林啊！有射击孔啊！射击啊！我们就找梯子，用麻绳捆起来，搭上梯子，一班有个副班长叫邵四殿，他爬到里面给递手榴弹，他一打鬼子就往外退，手拿手榴弹，他拿弹头往外推，他在外头梯子上不好使劲，他咔嚓就把导火索给拉了，那导火索吱吱直冒，他就趴下去，一连扔了几个手榴弹，这才往外叫，那你还是进不去啊！大概是10点多的时候，我们就拿火把它点着，正好我们的指导员来了，带着两个连检查我们来了，战斗还没有结束啊！团长就带着两个连，二连和五连，后来我们高兴啊，首长来了，我们高兴啊！我就给他报告情况，大概敌人有一个排，二三十个人，我们有一个连，一挺机枪，现在战斗情况是，我们占着北院，南院我们主要进不去，团里让我们负责西边，差不多打到12点，还是打不进去。再时间长了团长就有想法了，一看我们连长牺牲了，我们的指导员也牺牲了，我们打这个地方又牺牲了三个战士，就让我们撤出来，全部交给二连，命令就是命令啊！另外从全局说也对，敌人也不太多也就二三十个人，两个连你用不上，有一个连足够了，敌人来增援就打不成了，就服从命令吧！撤出来后，我们跟团长说，你非火攻不行，最后打到4点，我们走了。就带着这个在左边，等着打增援部队，到4点火攻，把炮楼点着了。点着以后呢？敌人跑出来了，西门出来就是大院，我们的机枪就架在这个地方。二连就照办，敌人一出来，机枪一扫，20多个人就全完了，最后二连的副连长就踢踢这个，踢踢那个，最后踢出两个活的出来，连那个小队长，一共打死27个，抓了2个活的，一共是29个人，这就叫演马庄战斗。完了以后，山东军区授予二连"演马庄连"，就是消灭鬼子一个小队，就是这么来的。

真打日本的首号连队不多，据我所知，一一五师有三个连，这是其中一个，就是这个二连。这个完了以后呢，开庆祝大会什么的，评三个战斗英雄，一个是我们这个邵四殿，就是我们的副班长，另外就是二连有个副排长叫李新杰的，他这个机枪老是接近不了，怎么办，他就拐了弯之后，在围墙下面一下子就拽出来了，那家伙把手都擦破了，揪着不放，算一个，这解决了敌人的一个机枪，相当于一个排的火力，从军事上讲，那个子弹啪啪一枪，这个把机枪搞到以后，火攻的时候，就是敌人都冲出来了，他们就组织突击队，就是这个李新杰大队长。还有一个张克胜，三个战斗英雄嘛，这是一个，他正好跟小队长拼刺刀，把刺刀弄弯了，这个非常不利呀，没有武器呀，他用枪把把鬼子的头一扭，把脖子给扭断了，把小队长脑子给打碎了。说这是三个战斗英雄，二连两个，四连一个，军区开庆功会。另外的嘉奖，其中也表扬四连，但是没有这个称号，我们付出了代价，应当说现在参加过这个战斗的，就剩我一个了。战士有没有活的，现在闹不清楚了，反正几个重要干部，二连连长到了东北后就牺牲了，二

连指导员、副连长现在在大连,半身不遂,去年我为了看他专门到了一次大连。

这是我经历打日本鬼子最直接、最厉害的一次。

### 荞麦村战斗

这个战斗完了以后,二连、三连、一连、五连都在后边镇守,四连在边缘活动,就是根据地边缘,这个时候非常困难。连长牺牲了,没有副连长,就我一个。我是1924年生的,1943年当的指导员,不到19岁吧,这个时候我们这个赵副指导员调去学习了,就剩我一个人,这个压力非常大。战士干部憋着这个劲,我们打了个半截就把我弄走了,这个肚子气呀,对领导还是有意见的,我们不一定就完不成任务。但是这个东西,作为领导你不能和战士一块儿去闹意见。就是想办法做工作,所以首先做工作,而后再说咱们开追悼会,提出学习连长,化悲痛为力量。另外,从我开始,每一个同志都有一个想法,抓住机会,打一个漂亮仗,看看咱们行不行。这个时候,副政治委员来了,他的任务是到连里看看,给战士讲讲话,另外提出来说是二连缴了两挺机枪,给我们一挺行不行,我说,不要。都是两个肩膀扛一个脑袋,我为什么要他的。我不要,我有本事我去缴。

后来,机会来了,9月初,一部分伪军,没有鬼子,从清口出来,到我们边缘的一个前卫村,100多人来安据点。我们不知道呀,老百姓给我们报告了,说他们村来了100多人,来了以后要修炮楼安据点。我马上就觉得这个事是一个机会,你怎么办?9月份,调来一个副连长,这个副连长姓李。我说,老李呀,咱们可是不能叫他在咱们的地方安据点,可不行,他们100多人,和我们差不多，我们不能这样干，咱们先把他吃掉，副连长也同意。当时三个排长嗷嗷叫，说是非打好这一仗，给团里看看不行。

第一，派一排副排长叫张志（到1944年，我提了三个副排长，一个滕幸武，一个张志，一个闫会，除了闫会，以后这两个人都牺牲了）带两个战士化装侦察，你一定到荞麦村，一定要进去看看到底多少人，装备怎么样，地形、敌情是不是都摸清楚了，回来报告。第二个事，把这个河南的两个区中队（当时规定，我有权指挥两个区中队，打仗的时候，两个区中队就跟我走了），把他们队长、指导员给请来了，完了后，跟我们排长、指导员商量这个事，然后分任务。豫东区，你就管白塔埠，是铁路上的一个火车站，那是日本人驻守。河南区，就是沙河以南，这个据点就在沙河，沙河镇。我说，你就管沙河，你派出侦察员到镇上，他们一出来，你就跟我报告，另外你起码要盯他一个小时，半个小时，我好撤出来呀！消灭敌人不要你们去了，我们四连包了。再一个就是写报告，给团部报告，就说敌人来了大体上多少人，要安据点，我也没有说我今天晚上一定要去打，我就写了报告，给他请示。到了天黑，规定晚上9点钟以前都要到达指定位置，天黑我们就动员，任务定了，三排从南边打，要他先打，把敌人吸引一点，因为敌人主要在西边，因为我们在西边嘛，而且他没有围墙。他当时为什么叫荞麦村？就是因为那地方碱特别大，在海边上，只能种一季荞麦，到秋天，就是水下去了，种一季荞麦。为了防海水，他有半人高的土地，实际上跟个半围墙似的，有一个炮楼。正好晚上的时候，我们这个副排长张志回来了，情况也摸清楚了，就100多人，有两挺机枪，服装不

是很整齐，战斗力不是很厉害，地形也知道了，就是有围墙，有一个碉堡。他调走了一部分人，围墙一拨，主要战斗力在西边，西边都挖了简单工事。那我们从南边开始打，吸引一部分敌人过去，西边是主攻，我们三排就绕到南面，从南面向北打，三排打响以后，我就说打，两挺机枪一打，我们这个张志副排长带着突击队就进去了，很快就打到炮楼底下了。这个三排也进去了，进去抓了好多俘虏，副连长跟着进去，在里边指挥，后边还有什么，我就说那有个小指挥所，没有半个小时，我们两个战士就把副连长给扶下来了，当时他已经是很危险了。我就给他讲，我说，你放心，你这个任务完成得很好，这个仗马上就结束了。他说，指导员，我才18岁，我对党的贡献太少了，就牺牲了。后来我们就进去，进去以后，这个剩下一个炮楼，抓了一部分人，打死一些人，很快手榴弹就把炮楼给打着了。这100多人全部都抓了，打死11个，队长叫马彪，也打死了，缴了两挺机枪，抓了140多人。我们就撤回来了，到了另外一个村驻下。

我们去的时候是东风，后来回来时是西风，到第二天10点多钟左右，团部来了个骑马的通讯员，送了封信，上边写的是"团干缄，抄副政治委员谭纪山"，你们监视敌人。他知道我们是一个连，他不好命令一个连去消灭敌人呀，我们很快组织这个后边的连去打，这不很有意思嘛，我们早已经消灭了，敌人已经都当了俘虏了。通讯员走的时候不是得要个收条嘛，表示你收到了，好交代。我说我没有收条，我说我给一样东西，你带回去，你看团长高兴不高兴。走，我们就到了关俘虏的院子去了，他一看，我的妈呀，这么多，我说都在这里，你带回去吧，你给团长交差去吧！他说，我带不走，他当然带不走呀。我说，我给你一个排，用这个排押到团部去，缴了两挺机枪，将近 100 条步枪。这个战斗，海陵县县史上有，1998 年我到海陵转了一圈，看了个遍，就是我打仗的地方，还有住的地方，都看了一个遍，县史上有。

咱们不是为这个，咱们是一定要抓住机会打个好仗，那个时候的干部就是这么想的。战斗完了以后，政治委员、团长都来看我们，县里专门召开总结大会，庆祝胜利。县长也讲话，滨海军区二军分区专门对四连点名嘉奖，没有光荣称号，也不错，这个事有开始，有结尾。这是对这个演马庄战斗后边的延续，没有演马庄，可能就没有这个荞麦庄战斗。我们这个连长那也是英雄呀，这个连长是东北军的，年纪比较大，他叫刘克。开始我去都叫我小孩，我才 18 岁到了新部队，连长就给他们做工作，说你甭看他 18 岁，主力部队来的，可不是"螳螂子"，就说我不是不行，说配合得挺好，这个关系一直挺好。这个连长他经验比较多，自尊心也比较强，他有两件宝，一个是一件狗皮大衣，东北带着来的；一个是 20 响的驳壳枪，不简单了，当时一般的是 10响。他睡觉从来不脱衣服，就是盖大衣，离敌人很近，要防备敌人突然袭击，只要是够一觉，他就拎着枪出去转一圈，所以我这个脑子里就跟他在一块儿反省，和他在一块儿睡觉。

有一次可有意思了，敌人要"扫荡"，从晚上 9 点多睡觉以后，这一天晚上来了四五次，最后是部队要走，就揪着我耳朵把我揪起来的。怎么回事呀？你这个，睡得好好的。他说，敌人来袭击我们了，你怎么还睡呀。当连长牺牲了以后，这情况就大变样了，不是刚才讲副指导员没有了，就三个排长，这脑子想，这 100 多人的性命都在我这手心里，这个可不是开玩笑的。所以

很快被连长发现了，说，哎哟，指导员也是狗一叫就拎着枪出去转一圈回来，当时走的声音稍微大点就知道是谁来了，这个就叫责任心。他老想着这100多人，这一个连队。你处理好了就胜利，处理不好就玩完。连长经常讲，咱们这个军队呀，就像开的买卖铺一样，咱们开的大卖铺，打人铺，店铺呀，打人的，但是你也准备人打你呀，你也是挨打铺呀，咱们既是打人铺，咱们又是挨打铺，只能打人，不能挨打，说这个也算是一个人的成长吧。

### 我身上流淌着38位战友的血

1942年，那时我18岁呀，在江苏赣榆县，当时归山东管，跟日本人打仗，牺牲了两个排长，当时我这个腿负伤，静脉血管打破了，天黑了，打完了仗也就天黑了。老百姓很好，就用门板铺上草，担架，送到后方去。那后方叫装甲胡同，现在有一个一一五师修的烈士塔，在噶尔山。我写过一个材料叫噶尔山的一段情缘，老百姓把我抬到装甲胡同，流血流了一夜，到了这个第四所，基本上已经处于昏迷状态了。比较巧的是，那个所的所长是我们原来的医生，叫李玉赞，我们山西老乡，从小就认识。他一看是我，已经失去知觉了，他是所长，他有经验，二话没说，从他身上抽了200毫升血给我输上了，马上就组织输血，输血当时没有血浆呀，没有血库呀！现在简单了，有血库呀。我是O型血，所以他很快就查出他是O型血，把这个全所的医务人员集合起来，凡是O型血都抽一点，因为当时营养不好呀，不能抽多，38个人，输血的有38人，起码有一个星期，就睡得迷迷糊糊，所以后来我说我的生命是战友给的，是共产党给的，所以我随时准备牺牲，这也是我们部队的光荣传统，为了抢救战友牺牲。还有后来我在四平，那时的解放战争，被活埋在里头。那个朝鲜红军大校，后来当了师长，他为了挖我，朝鲜的卫生员给牺牲了，另外两个战士负伤，所以对我们这些人，就是毛主席说的"幸存者"，这一点也不假。

  所以我对现在一切都满足，对各方面非常满意，知足常乐，像以前给我输血的这很多人根本就不认识，不知道叫什么名字。后来战斗结束就抬到后方去了嘛，这没有什么奇怪。那天最奇怪的是什么呀？我们把日本鬼子打跑了以后呀，好几头牛躺地下，都是活的，但是那个牛大腿叫鬼子给吃了，因为你们也从来不会想到这种情况，这是我亲眼所见，就是他把牛腿大腿肉都割掉了，都吃了，就这个日本鬼子。那时是1942年的冬天，哪个地方也不记得了，光知道在赣榆附近，我负伤住院的地方知道，现在叫抗日山。

## 峻 青

1922年生于山东海阳，著名作家。抗战期间任胶东军区连指导员、新华社前线分社记者，离休前任上海市文联党组书记。

# 亲历胶东反顽斗争和马石山突围

## 脱下长衫到部队

我当兵的那个时候不知道八路军，只知道红军。当时的胶东，处在白色恐怖之下，韩复榘杀共产党人是很厉害的，搞得风声鹤唳、草木皆兵。说戴礼帽有个什么东西的也是共产党，就是这么干。那正是日本鬼子非常疯狂的时候，跟英国争夺胶东半岛。我们青年人正在彷徨之中，要想活下去，没有办法就到东北去，东北又让日本鬼子占领了。东北让日本鬼子占领了，没法去做买卖，在家种田又是不光彩的事。这咋办呀，我偶然看到了一本书《少年漂泊者》，这本书是一个进步作家写的，对我起了很大的作用。再加上日本鬼子进攻这个事实，我们家乡在北京读大学的这些人回来后，宣传抗日救国的道理，脱下长衫到部队去。我是在这样的情况下参军的，我们参军，并不是说有共产党领导，主要是"民先"，就是从北京回来的学生组织的中华民族解放先锋队（简称"民先"或"民先队"），就像现在的青年团一样的，那时候还秘密的。

我大概是1936年秘密参加的，当时参加哪种部队，根本不懂，你串连我，我串连你，我们约定暴动的时间，是春节晚上，过年那天，我记得就去了，到那儿一集中，有四五十个人，两三个小手枪。

所以陆定一写了一本书就提出了，开始革命不能没有旧军营。我们就不知道站队集合，连这个知识都没有，所以要用旧军营，我们就从逃兵里面搞了一部分人，这才知道怎么站队，怎么集合。我们开始也不知道八路军，我们只知道红军。集合了一队学生，我们开始是在县城，后来就到了大新店、岱崮山区。我跟他们讲，我死了以后，要把我送回岱崮山区去。到了岱崮山区，派了高锦纯、吴克华来，慢慢地在红军干部的影响下才走向内地。我们开始没有红军，东海天福山起义时，党的基础比较雄厚，他们叫一路，我们叫二路，黄县叫三路，掖县叫三支队，这些人加起来，大概有五六千人，红军来了慢慢地改成十二、十三团，我开始编在十三团，蓬莱县委书记跟我很熟，他非要我会合不行，他说他那个区，没有共产党人，你回来发展几个共产党员，再回部队。我就回去发展共产党员，成立了区委。我要回部队了，孙南福（音）又不让我回来，正好碰到蔡景康的一个团围攻蓬莱。他说你在这儿休整吧，叫我在这儿休整，休整完我说可

以回部队了吧,他说想组织一个警备大队,让我在警备大队二连当指导员,就这样,我一直没有回十三团去。

## 胶东军民一体反"扫荡"

胶东空前残酷的一次敌人"扫荡",损失最惨重的还是老百姓,我们部队是可以转移的,老百姓要保卫自己的家乡。那时候,老百姓都在山里挖洞,存点粮食,存点宝贵的东西。我们自己会造土手榴弹,自己会埋地雷,老百姓用武力来反抗日本人。这一次大"扫荡",在开始不很长的时间,三营的教导员黄延民中弹了,老百姓把他掩护起来,日本鬼子到处搜他。那个时候在胶东军民一体,军民的鱼水情无法形容,军队保护老百姓,老百姓掩护军队。1942年敌人大"扫荡",我们除了军队的损失外,最严重的损失还是老百姓,有的村子里已经没有多少人了。敌人主力到根据地中心,捕捉我们的部队,我们在后面袭击敌人,我们行军要找民兵带路,不然就扎到敌人圈里去了。胶东那时穿军装的和不穿军装的虽然可以区别,但是老百姓和军队共同抗战,是全民的抗战。

当时,三营的教导员受伤已经离开部队了,老百姓硬是把他抬到家里去,掩护起来。敌人要到处搜,在家里不行,就把他抬到山上隐蔽起来,掩护起来,还怕暴露,又把他化装成老百姓,把他掩护下来,这个人前一阵病故了。胶东的伤病员要是没有老百姓的掩护,根本无法生存,这样的故事在胶东到处都有。

## 胶东的地雷战

地雷战是胶东民兵的一种斗争形式,我们那时候武器是很落后的，地雷是自己用生铁去化铁，用核油去做，很辛苦的。化生铁的任务，在那个历史条件下，是更艰巨的。怎么化法？用炭，用风匣拉风，哗哗的。制造地雷是一件很困难的事情，我们都是用手工去做的，我们那时候最大的困难，是没有弹药，不是不敢打仗，没有弹药，土枪也是自己做的。胶东民兵于化虎，我都认识这些人，我那时候做民兵工作，跟他们都有接触。我那时跟他们开玩笑，海阳县是我们解放的，我说我能竞选上海阳县长。那时候，老百姓和军队的关系特别好，军队也住到老百姓家。

在海阳民兵里头，这样的故事多得很，我自己没有亲自搞过，让我讲具体故事我是讲不出来，但是这种故事是多得很的。当时我管民兵这些事，能够把地雷搞到敌人的锅子里去，鬼子一开锅盖就炸了，鬼子非死即伤；他要去掏鸡笼子，一掏，就把地雷给引爆了；海阳民兵就有这个本事，我自己没有经历过这种事。

## 胶东反顽战斗

1940年冬1941年春，许世友司令员到了胶东，成立了反顽指挥部，他是指挥，林浩是政治委员。许世友在西线，西线就在现在的岱崮山区。我们那时候在岱崮山区发动暴动，就是蓬莱、黄县、栖霞、招远四县的交界地区。王彬领导我们五支队两个团在东面扩大，许世友从西线打，打牙山，打蔡景康。我们从东线打，顽军的几个师，主要还是我们东线，我们是跟许世友在观水会合的，观水有一个国民党司令叫秦玉，我们在观水把秦玉消灭了，这四个师就让我们收拾了。许世友在西线对付蔡景康，以后两支军队直接到了地各庄、乡下庄一带，围攻这个地方。这时

候，五旅，新三团、新四团、新五团，五支队，一团、二团，都参加了。我怎么认识许世友的呢，就是从这来的。敌人围攻了大概快三个月，围攻这个村子，我在家里休息，我们那里有一个小勤务，姓曲，是黄县人，他去小便，跑回来了说，股长呀，不好了，我去小便看到戴帽子的，都是国民党。我说国民党怎么跑到这儿来了呢，我出去一看，是国民党，我就报告团长，他说不会吧，我说全是国民党。团长叫前面的部队攻一下看看，一攻给攻进去了，国民党跑了。这时许世友就不高兴了，发火，说往哪儿跑了，从两个团中间跑了，谁先发现的，说是民运股长先发现的，他就把我找去了，问我怎么发现的，怎么跑的，我给他汇报了。那是第一次认识许世友，他有一个特点，说完了，你走吧，我不交朋友。那一次反顽战斗，表面来看是一次胜利，我们围攻了四五个月，没有消灭敌人。今天回过头来看，我们那时候不懂，知道投降派跟敌人勾结，我们这种攻法，更促使了他们勾结，等我们一撤回来了，他们就跟日本鬼子走到一起去了。首先是我发现的，那天下雪，我一看不对，我就告诉团长，我说怎么这里有日本鬼子呀，他说不会吧，我说不会你看看，一看果然他们跟日本鬼子走到一起了。

五个月的近地攻防，我们估计他们的兵力消耗得差不多了，十三团大概还剩下600人，我们十六团还有1100人，不能再打下去了。第二次把顽敌消灭掉了，现在说这次歼敌是许世友指挥的，这是一个错误，是胶东军区副司令员吴克华指挥的，当时许世友在鲁南学习。

第一天晚上十三团联合十六团打，没有打开，十三团已经打下三个碉堡了，完全可以冲下去，十六团没有打开。第二天，吴克华很不满意。那时候聂凤智是十三团的团长，我在那当军工部主任，当时没有军区主任，也没有军委主任，第二天两个团才攻进去，把敌人清剿了，这就是胶东地区反顽最大的一次战斗。打完了接着打佐城，把佐城的敌人消灭了。这样胶东的顽军基本上消灭完了，剩下的残余就是在胶济铁路以北，在一块萎缩着。最后指挥消灭的不是许世友，而是吴克华。在胶东，开始是许世友办的这件事，我们从昆嵛山打起，他们从岱崮山打起，最后会合的。

### 马石山上悲壮的一幕

马石山在胶东半岛的中心地带，那是1942年冬天，当时日本华北方面军司令官冈村宁次到青岛和烟台来指挥这一次拉网大"扫荡"。

过去我们也经常反"扫荡"，但是这一次跟过去不同，不是像过去一股一股的敌人来"扫荡"，而是拉了一个大的网，这个网东起威海，西到莱阳，南到青岛。这一次日本鬼子和伪军有2万多人，同时出动，一起从外围向中心来合拢。我们部队的首脑集会，事先已经了解到了这个情况，绝大部分都冲出了包围圈，有一些地方武装和老百姓，不了解情况，随着敌人的拉网，有一部分最后集中在马石山下。拉网到马石山的时候，从四面八方包围马石山的敌人越来越多。很明显，敌人是在进行合击。我记得好像是11月23日，当时我在做教育工作，也跟一部分部队的同志和地方武装，地方的工作干部还有一些老百姓，一起被包围在马石山上。那一天晚上，我是从西面向东，敌人从西面扫过来，按照过去的习惯，敌人从西面来，我们就向东撤，向东转移，转

移到了马石山上一看，东面也来了敌人，南面也来了敌人，北面也有敌人。白天，鬼子漫山遍野，一步一步，密密麻麻地向前行进。到了晚上，他们就在山上的村庄宿营，田野里到处点上火。23日那天晚上，从马石山上往下一看，四面都是火，才知道被拉到敌人的网当中了，形势很清楚，晚上必须突出去。如果说这天晚上不突出去的话，第二天敌人越来越密集就突不出去了，原来拉网的时候，敌人的兵力比较分散，这次特别集中。好在马石山很大，周围一两百里，在这个时候，大家看清了形势以后，就开始突围。突围也很不容易，因为敌人比较密集，都点了好多的火把，不远就一堆火把。要从火中冲出去，敌人开枪扫射，不少人都牺牲了。

我要讲的是马石山的一个班的战士，这个班的战士是十三团的，有10个人，在班长的带领下。他们有一个营离开了原来的部队到东面去执行任务，完成任务以后往回走，被敌人包围到网中了。那天，在马石山，他们看到老百姓，都非常着急，因为老百姓没有组织，大人小孩都惊慌了，山上的人、牲口、牛、马都在叫。他们考虑到，作为一个人民的战士，他们有责任把老百姓安全地送出去。所以他们就派人去侦察，哪一个地方突围有利，可以在没有枪响的情况下，安全地突出去。他们侦察到一个地方，是西面的一条山沟，这个山沟比较险，山的两面都有敌人，亮着篝火，可以从山沟里面出去。在群众惊慌无助的时候，他们就组织群众，大家一块儿去突围，尽量要小心，都不要讲话。那天的场面很动人，那么多的人，大家看到战士要领着他们突围的时候，就赶快一个跟一个地随着战士往外走，部队一部分在前面，后面是群众，像洪水一样，就向山沟里面冲下去了。第一次出去了一部分，把群众送出了包围圈。本来他们可以走了，但是他们没有走，他们说山上还有人，能多救一个是一个，他们说他们一定还要再回去，就又钻进山去，到最后天快亮了，我就是这最后的一批，冲出来了。这个时候，天已经快亮了，大家知道他们再回去就很难再出来了，因为天亮了以后，敌人就开始要向山上进攻了，他们自己也知道这个情况，所以当时很多人，都劝他们不要再回去了，天快亮了，赶快走吧。他们不走，山上还有一部分人，他们说一定要把他们救出来，他们就又回去了。这个时候，敌人就开始进攻了，四面都响起了枪声、炮声，敌人的飞机也来了，围着这个山转。敌人已经发现了他们，就用炮火轰，他们掩护着群众，撕开了一个网口，救出了一批人，但是他们也不行了，就边打边退，往山上退，居高临下进行射击，直到最后，战士们都受伤了，子弹也打完了，敌人也围上来了，他们就把枪都砸碎了，不能把枪留给敌人，最后剩下的人抱在一起，拉响了最后一颗手榴弹，全部壮烈牺牲了。

我出来了以后，往西一路上看到了很多的尸体，老百姓的尸体。冬天嘛，也没有青纱帐，赤裸裸的田野，很难有隐蔽的地方，好在那个地方还是山区，是丘陵地带，可以掩护，但是敌人从四面八方往前推进的时候，老百姓在前面跑，很多都被敌人打死了，所以回来的时候看到一路上到处都是尸体。

马石山十勇士是我们的主力部队，当时区里的部队一个叫五支队，一个叫五旅，他们是十三、十四、十五、十六团，这是胶东的主力部队，他们这个班有一挺机枪。

有一个个子很高，扛机枪的那个，很有力气。在战斗当中，情况紧张，不好讲话，特别是在往外突围的时候，不好讲什么

话，就是小心，意思就是让大家快点跟上来，要小心。天亮了，大概五点来钟的样子，那时是冬天，不像夏天亮得那么早，五点多钟，天蒙蒙亮，我们几个说不要回去了，回去危险。他们一转身说走，只要还有一个人，我们就要把他救出来，这是我们都听到的，大家都非常感动，他们让我们快走。有一些地方武装部队，领着老百姓们一起出去了。我们冲出来的人，漫山遍野都散开了，一路上看到了好多尸体，有战士的尸体，也有老百姓的，很多的村庄都起了大火，非常残酷。所以不能忘记历史，帝国主义残暴地侵略我们的祖国，屠杀我们的人民，这一段屈辱历史绝不能忘记，特别是现在日本的政府里边，还有一部分人否定侵略历史，大家都知道，他们掩盖侵略历史，不承认南京大屠杀，特别不承认他们的侵略罪行，搞军国主义，现在很明显。第二个不能忘记当年我们的全民抗战，我们的先辈们，在敌人的炮火中，前仆后继、浴血奋斗的英雄气概和崇高的精神。特别是我刚才讲这十勇士，的确值得纪念，虽然说现在是和平年代，我们应该建设祖国，提高我们的综合国力，我们也要学习他们这种献身的精神、崇高的行为，我们一定不要忘记这两点，每年差不多到了"七七抗战""八一三"纪念日的时候，都要写一点东西来纪念。

在马石山突围出来不久，我就写了本《在马石山上》小说，因为我从那里出来，心里非常激动，我想到了《钢铁是怎样炼成的》，书里面不是有这么几句话嘛，人的生命只有一次，这样的宝贵生命，能慷慨地献出自己的生命，来换取更多人的生命，这一种崇高的思想，崇高的道德行为，我觉得是人类最为美好的。当时根本没有人布置任务给他们，他们完全可以保存他们自己的生命，但是这十勇士不走，明明知道再回去就要牺牲在里面，可是他们为了挽救别人的生命,还是回去了,他们要把人们救出来,用自己的生命来换取更多人的生命。这种崇高精神,我觉得是应该学习的。

我当时非常感动,就用随身带的一个小本子,当时也没有钢笔,就用铅笔写,那是一个很冷的天,下着雪了,在雪里,我写下了《在马石山上》。我一面写,一面流着眼泪。那时是当作一个报告文学来写的。1950年,全国解放以后,我在汉口,把它改写成了小说。这篇作品完全是在十个勇士崇高的精神感召下一口气写下来的。我容易激动,医生不愿意让我见客,我一说话就容易激动。

## 抗战胜利,有人高兴得号啕大哭

抗日胜利的时候我正好在一个村子,叫高村。这一带很有意思,我今天下午还得写一封信,就是有我的一个学生,他现在在安全局工作,他写了一个16集的电视剧的剧本,写的是一个少年群体,在抗日战争中的成长过程。这个学生出生在地雷战的故乡,他也写到了地雷战。他这个本子写出来了以后,我在医院里边养病,医生不让我看,我就偷偷地放在枕头下来看,把这个16集电视剧一口气看下来了。看了以后非常感动,非常激动,所以我写一封信给他,这个内容就包括你问的抗战胜利时候的情况。这次战斗和马石山不一样,是在1945年,那时盟军已经打到日本的本土了,日本为了防止盟军登陆,就在沿海安了据点。在105天战斗当中,我作为一个前线人员,一直就在沿海地带,直到敌人投降的那一天。有一个村子叫高村,在那里东海军分区开了一个大会,表扬英雄模范人物。在这105天的斗争中,

出现了一部分英雄模范人物，包括地雷战里面的几个英雄，于化虎、孙玉民还有秦贵祥，大概有一二百人，在会上交流经验，大家互相学习。大会正要结束的时候，得到了日本投降的消息。大家当时的情绪，没法形容，有的人高兴得号啕大哭，我就不敢回想，一回想就会很激动。后来就把庆祝大会接着开成了一个追悼会，因为在这105天斗争中，有好多人牺牲了。我记得我最感动的就是，我到现在还没有写出这篇文章来，我要经过一个地方叫沟头岭，去传达任务，我底下有一个人叫莫文，是东海军分区的一个参谋，我们两个人带着任务到东部的山区去，在走向山坡的时候，敌人从据点出来，包围了我们，我们就突围，结果莫文就让敌人抓走了，后来就牺牲了。这天在高村开追悼会，就把牺牲的人，也包括莫文在内，把他们的名字都写上，大家一面庆祝胜利，一面追悼死者，那场面是非常动人的。当天晚上我们接到消息，据点的鬼子逃跑了，我们就从临沂追敌人，一直追到靠近青岛了。当时朱总司令下命令收缴敌人的武器，蒋介石也下命令，不准向我们交武器，要向他们交，要等他们。这时，我们到了外围了以后，就向敌人下命令，让他们来交武器，他们不但不交武器，而且出动了坦克，向我们进攻。

我给你讲这个事，1945年8月，我们听到日本宣布投降的消息，一开始感觉到很突然。因为那个时候，我们和国民党作战以后，正在休整。日本鬼子投降了以后，我们接到进军青岛的命令。

我们的宣传股长李永其兴奋得就把蚊帐烧了。到青岛还有好长的距离，能不能进去还是问题，我说你也不是不知道，日本鬼子装备并不是我们轻易就能攻克的，你把蚊帐烧掉了，睡觉怎么办呢？他情绪高涨，当时对形势的估计不足，特别是对日本鬼子和蒋介石勾结估计不足。日本鬼子虽然投降了，但是不缴械给你，给蒋介石。后来，我们到了青岛的外围，说服了日军指挥官，但是没有消灭日本鬼子的一个中队。第二天早晨，那个中队反扑我们，我们副营长叫我快起来，我说怎么了，他说日本鬼子打到门口来了。我一看，日本鬼子进来了。我说五连没有问题，部队心里有数，估计没有问题，五连就在前边交涉。那个时候要是说真正把他们消灭掉，很难，慢慢地部队的情绪就稳定下来了。胜利是胜利了，但是最后没有把日本鬼子消灭掉，特别是鬼子和蒋介石勾结起来了。

## 张玉华

1916年生于山东文登，抗大一分校学员，抗战期间历任山东人民抗日救国军三军一大队政治指导员、政治委员，八路军山东纵队特务一团、六十三团、一旅三团政治委员，鲁中军区后勤处政治委员。新中国成立后历任沈阳军区炮兵司令员、武汉军区副政治委员、南京军区副政治委员。1964年被授予少将军衔。

# 在抗大一分校和山东纵队的经历

## 到抗大一分校学习

我是山东天福山区人，1935年入党。1937年天福山区号召敌后的同志，深入群众，拿起武器，抗日救国。1937年10月24日，省委组织在胶东发动群众起义。因为老部队没有到，老干部缺，所以说没有指导员，来个炊事员都可以给我们当连长，当指挥员，因为他打过仗。这时候，我就一起拿起大枪当指导员。我是不到半年当指导员，然后就当了大队政治委员，到支队当政治委员。这样就在胶东打了三年的游击战争。1940年的时候，敌人开始"扫荡"了，部队也开始精兵简政了，团变成了营，我就从团政治委员成了营教导员了。八路军山东纵队的省委书记兼政治委员到胶东去，带着山东省委政府机关的一两名地方干部下去视察工作。

1940年的1月1日晚上，我的交通营护送他们。一到了鲁南，他们就住下了，留在那个地方听报告。这时老帅过来了。中央把苏鲁豫皖四省第一纵队和山东纵队的机关合并，第一纵队的政治委员是朱瑞，司令员是徐向前。正好日本鬼子3月16日"扫荡"，徐老总指挥打的仗，徐老总把我这个胶东来的营当成一个队放在跟前，其他的部队放在外面阻击。这一次呢，我第三次负伤了，胳膊腿受了三处伤，子弹从大腿穿进去了。在这儿住了一个月，开完会教导员要回去，我负伤回不去了，住了18个月的院，伤口的肉还没有长满，还贴着纱布呀。我整天地待着，开始不能走，后来慢慢地走，正常地走可以了，跑还是不行。我就到山东纵队要求工作。

黎玉是山东纵队政治委员，他亲自和我谈话，说你要是回胶东交通营，三五个月来不了，你有两个去处，一个到总队的政治部组织部帮助工作，因为我是地下党员，懂党里的组织工作；第二个呢，抗大一分校刚开学，你到那里也可以。我向来是只要有学习机会我不干别的，先得学习，我要求去学习。抗大是3月下旬4月初开学的，我是1940年的4月下旬去的，晚去了一个月，我就插班了，插到三大队。三大队是在校部跟前的，我分配到了上干队，这是营团干部，不轻易使用；还有一个女生队，也不轻易放在第一线上，都守着统帅机关。

## 抗大的课程安排

　　我们上课呢，开始是政治、军事、文化、体育，军事摆在重要位置。政治、哲学是分校的政治委员李培南讲辩证唯物主义。那时不叫辩证唯物主义，叫辩证法、唯物论和唯物论辩证法，也就是说我们的唯物论是辩证法的唯物论，我们的辩证法是唯物论的辩证法。政治经济学、马克思主义、《资本论》是边朴（音）给我们讲。边朴是地下党，老党员，知识分子出身。那时叫中国科学问题，实际上是讲近代史的革命，太平天国到辛亥革命，一直到1914年。他讲得很好，口才很好，也是个知识青年。

　　军事课主要是两个方面：一个方面是战术，从讲排的战术开始，从游击队开始。有排的基础后再学习连，教员是申述。另一个方面是军事。副大队长阎有亭（音）给我们讲话的时候说，我们是来受训的干部，来了以后是学员，编成队、区、班，是过正规战斗连队的战士生活，你们所有的单枪呀、公务员呀、吃的呀、马呀都留下，来了这儿就是一个兵。我们这个兵的着装是士兵的服装，不是干部的，生活一切自理，而且每个班有2/3的人有步枪，还有一个挎包和手榴弹。为的是站岗放哨、执勤呀、通信呀，就是过一个正规连队的战士生活。需要听课的时候，歪着腰的，斜着胳膊的，坐不端正的，这些现象要受批评，要在会上检讨、认错。

　　抗大的学习呀，最后我是尝到了甜头。什么甜头呢？我带兵打仗10年，有10年的实践基础，再上一年学，等于在部队实践20年，有了上升的认识。我有了感性的知识，学校给你讲科学了、战术了，就是理性的知识，所以感觉收获很大。从那以后，凡是有入学的机会，我都要求入学。我入了一期高级炮校，就是炮兵学院的前身，凡是上级要求学习的，我都准备了。

1940年整风时，我在后勤，后勤除了反"扫荡"，还是比较稳定的。整风时，人人先读书，要求从粗读到精读，通篇读，粗读浏览大意，精读领会精神。整风时，后勤开始是早起两个小时读，敌人不"扫荡"的时候是半天学习制，而且学习有组织领导，有学习制度和学习纪律。学习不能说话，是全身心学习。

### 周校长就强调一个"快"字

校长周纯全是一个老少将，他是工人出身，工农干部，讲得通俗易懂。他说你们应该学会的，应该掌握的，一定要学会、掌握，不然不够一个八路军干部的资格。他就是讲，一个军队的战斗作风要快，睡觉快、吃饭快、集合快、行军快、解决战斗消灭敌人要快，不能慢腾腾的，就是一个"快"字，要养成一个过正规连队的正规士兵生活的习惯。

学校不是在游击区打仗，他主要是随着战斗部队转，摆脱敌人，不让敌人打中。敌人不"扫荡"就集中教育，教育当中再行军，经常要行军讲课，也是一个锻炼。到哪个地方的树底下了，背包放下休息的时候，就讲课，讲课也休息呀，一举两得。后勤有一个炊事班长做饭，课讲完了，饭也好了。吃完了饭，就接着行军，就是这样子，一个人当两个人用。

我们在的多庄是一个大镇子，有五六百米长。我们住在东头，离集合的地点起码有200米，200米要一分钟集合好。吃完饭回去，背上背包，枪拿着，在大门那背上就跑，现挂背包就来不及了。这边枪一响，就往那边跑，要一分钟内集合好。一般的

人达到了，我没有达到，但是也没有超过一分钟。我们那个上干队50秒钟就集合好了。我腿伤还没有好，所以才慢了。去了喊了立正，就不能动了，就给照相了。领导说我要注意，下次动作要快。我从来没有向组织上反映我的伤没有好，共产党员嘛，牺牲的战士在一次次的战斗中都倒下去了，我负个伤还向组织叫苦呀，我是拼命使劲跑到的。

## 宣传和纪律

每一个班要组织一个组，做群众宣传工作，宣传我们八路军是人民的军队。一边做宣传工作，一边顺便劳动，这样是很不错的。我们搞到8月下旬，因为9月3日要毕业了，要搞个人总结，总结自己的收获。班里总结，队里总结，层层往上总结。个人总结时，我是去得晚吧，叫我当副组织委员。我就提了一个意见，因为我在游击队里从拿枪当指导员，到政治委员到团政治委员，没有过在抗大的这种生活，没有学过这种知识，而且还不知道，我现在有这个知识了，印象很深刻，就是一句话，我回去工作要把抗大的好作风带回去。因为我不是没有做过正规战士嘛，要带不回去，怎么带好部队呀？就是这样，我在9月初回来了，山东纵队特务团专门等着我毕业回去当一团的政治委员，就是这个过程。

另外有一些小故事呢。当时纪律要求严到什么程度呢？我们那一个班有七八条枪，区队长安排，他是带兵查哨的，谁上岗枪就交给他。有一次有人值班时枪套子裂口了，掉了一个小点，然后搞了一个铜片拉上，晚上时没有看见。我说爱护武器要像爱护生命一样，你这个武器掉了钉子还不知道？我报告队长了，这是行政纪律，一切要服从组织呀，要有纪律性呀。队长也考虑情节的轻重，影响的大小，队长给了两个选择，一个是警告，一个是在小组会上做检讨。这就是纪律严明呀。

还有"三大纪律，八项注意"呀，对群众的态度，不调戏妇女呀。我们没有穿洋布的，都是土布袜子，土布鞋，土布衣服，没有人梳头照镜子。有一个老红军，副区队长，有人发现他有一个小镜子，结果摔下去就破了，他受到了批评，说他有腐化思想，为什么爱漂亮？现在听说，都是可笑的事，可是那会儿是这样要求的呀。你住在群众家里，你自己漂亮了，谁都来看你？那时连农民的大嫂子也不敢看，看了要受批评的呀，你敢看女人呀？你要是说喜欢，那你思想就是不端正嘛。就到了这种程度了，确实秋毫不犯呀。你帮着群众劳动，帮到点上，学习好，群众反映好，要受表扬的。

### 反"扫荡"时，敌人追踪电台发现我们

我是9月初到山东纵队特务团任政治委员的。干部还不太熟悉呢，敌人就开始"扫荡"了，就一个中队，没有特别多的兵。敌人冬天冷不"扫荡"，三伏天也搞不了，他就是春秋"扫荡"。敌人秋季大"扫荡"，因为青纱帐过去了，我们平原也不好活动了，这成了他的优势了。我初来就遇到了"九一八大扫荡"。我是掩护纵队的，纵队队伍也很精干。我们在莒县靠滨海的营地休息，山包的制高点上放了一个排。敌人上午行动，到了下午靠近我们。我们抗战时吃亏呀，抗美援朝也吃亏呀。因为我们是打游击战争的，装备是老式的，军事靠科学技术靠战术再加上思想觉悟，我们的战斗力就靠士气和战术，技术是有限的，是落后于敌

人的。那时候在那个山上，前面一列是纵队机关的二三百人，我们特务团是二三百人，有一营和二营两个营。到了下午3点钟，敌人在山包上发现了我们，为什么呢？

  我刚才讲，从抗战时期一直到抗美援朝战争，我们的指挥所老挨打。在朝鲜，不是发生了好几次呀，师长牺牲了，参谋长牺牲了。纵队和志愿军保卫部队，有没有不纯的成分？以后回国才知道，我们有苏联装备、苏联顾问，有侦察电台的仪器，几十里路一交汇，声音在哪儿响的，电台就在哪个地方，敌人一看地图坐标就知道了，就到那儿轰炸。所以，纵队在发电报，电台在那儿交汇。敌人在制高点打了一两个小时，我们这个排全部牺牲了。后来敌人又上山了，这样我们就被动了。快到黄昏的时候，纵队机关进山，敌人仗着制高点火力掩护，往下攻。我看着纵队机关的骡马乱跑，都翻了，都跑到河下了。那儿有一条河，我们要是过了，敌人要过就难一点儿了。敌人一下山，我们就往外走，回头一看，日本鬼子端着枪追来了。我朝鬼子就是三发子弹，什么时候你挨着我了，刺刀捅我一下，我给你一枪，子弹最后才能用呢。这样一到了河边，我对一营营长说，快快快，要部队掩护，不要敌人过河。营长就喊，二连长，一排长！结果连长找不着排长，排长找不到班长，班长找不到士兵，都跟敌人混了，就往西突围。敌人看着离远了，天也黑了，敌人也不追了。

  到了河西有三里路吧，有放哨的和警卫人员在那儿，我们说首长在这里吧？他们说在这里呢。我们团长是李发，曾是三十一军的副军长，后来也牺牲了。我们两个人去了，政治委员说，你们为什么没有顶住？李发说，我们想抢，再抢抢不上了。他说，那过了河以后应该拦住敌人呀！那会儿我们不认识他是许世友参谋长,只听说许世友在山东纵队很有名的,没有见过,没有看到他工作,这一次是事后才知道。当时屋里是黑的,吃晚饭点着灯的时候,许世友说了一句话,不好了。这种情况下,部队跟敌人混乱了,按不住了,不能组织抗击敌人,兵败如山倒了。

我们掩护的是山东纵队机关。首长呀、机关呀、干部呀都没有牺牲。反"扫荡"总结的时候,许司令员说了,精兵简政呀,除了自己要减,反"扫荡"的时候是敌人在给我们减。大家思想就通了。我们有一首革命传统歌曲,是1940年6月沙洪的作曲。当时在抗大一分校的时候,8月份开党代会,我去参加了。抗大文工团的陆一,他教我们一首歌,当时叫《你是灯塔》,现在改名叫《跟着共产党走》,另外里面的词也改了。我现在到学校去讲传统,有的时候就唱一唱。我用当时的词唱一遍。当时共产党诞生才19年,所以讲年轻的共产党,现在叫伟大的共产党。

你是灯塔,照耀着黎明前的海洋。你是舵手,掌握着航行的方向。年轻的中国共产党,你就是核心,你就是方向。我们永远跟着你走,人类一定解放。我们永远跟着你走,人类一定解放。

这是在抗大学的,我始终记得。所以我现在到哪儿去,一无职二无权三无钱,就是一个普通的共产党员,是一个八路军老战士,所以没有共产党没有今天。

## 负伤的经历

我们部队伏击的时候,敌人正在公路上。我们这原来的六

师三团编成胶东五支队三营，胶东五支队一营编成二十七军了，二营编成四十一军，胶东出了四个军呀！胶东有地下党组织了，群众觉悟高，倾家荡产打日本。我们二支队九连始终占住公路南的一个制高点九子峰，敌人往上冲，用手榴弹打，我们还是守住了。到黄昏的时候，我不是在徐司令员跟前嘛，就用我们这个营出击。公路南面是我们的人，我们在公路北边先抢了一个高点，然后往下冲。往下冲过路沟的时候，老鬼子不行军呀，枪打得很准，他拿着望远镜一看，我正带着部队往下冲着，啪就一下子。我眼睛一看，他枪这么一转，我被打在手，穿在腿，就倒下去了。以后是营长指挥部队完成任务的。这一天把敌人基本消灭了，没有彻底消灭，还有一部分跑了，基本上完成任务了。领导说奖励三营，部队缺弹药，就给奖励子弹、机关枪。

受伤之后，人没有晕过去，后面有担架，有人用担架抬着我。第三天朱瑞他们去了。我那会儿不知道，反正是负伤的人。朱瑞带的宣传部长刘子超去看我，我把纱布解开，说就是这儿负的伤，那是六五子弹打的。六五子弹最干净，没有污染。

### 遭遇残酷的"铁壁合围"

我从抗大毕业以后，除了那次掩护总部，以后战斗多了。现在我们的家乡威海市，还有相当多的干部、老将军。政治委员以上的要写简要的经历。我始终在战斗部队，以后到特务团和一旅三团，在1941年12月8日，又打了一个苏家岢，我们两个班的学生掩护山东分局党校，掩护一一五师师部，最后剩下的人跳崖了。当时好多报纸登了，仅次于狼牙山五壮士。

山东纵队、一一五师在沂蒙山区，那里很困难很艰苦，吃饭也吃不上呀。一一五师主力就到滨海了，滨海有饭吃呀。一一五师走了以后，山东纵队就组织恢复团编制了，下面的支队改成旅了，因为旅比支队要战斗化一些。一旅旅长王建安，政治委员是周赤萍，副旅长胡奇才，一旅有一团二团两个老团，我们的特务团编成一旅三团。到了1941年10月，敌人在沂蒙山区大"扫荡"，部队伤亡比较大，损失比较大。敌人准备发动太平洋战争，他对敌后想着用反攻政策，就是"铁壁合围"，这突围就很难呀。因为不光是城市还有农村，敌人圈套圈、层套层的呀，弄得你不能动了。有的人留到山上，没有吃的喝的，就喝小便呀。这时纵队给我们指导安排得很好，说你们到山顶上一个营，另外两个营分散。团部带一个连，营部带两个连分散，不要集中，就是敌人包围的少了，我们时间快了，集合快了，转移也快了。

那会儿，我们活动个十天八天，休整了一两天，理个发呀，洗洗澡呀，擦擦枪呀。我们老在外面转不行呀，就集中起来，确定第二天分散。一一五师在沂蒙山区的时候，因为敌人的"铁壁合围"呀，抗大站不住了，往鲁南那里转，转到我们的部队附近了。还有山东党组织的干部、山东分局党校的机关都是骑马的，没有战斗部队，他就靠着我们的战斗部队。他们是拂晓从沂蒙山区过来，跨过费县到了济南的大公路，黑夜里过来的。我们原来准备第二天晚上走，现在不能走了，估计敌人的电台侦察到了。

第二天，一一五师的政治部主任肖华给我们作报告，说敌人在沂蒙山区的"扫荡"分第一阶段、第二阶段、第三阶段，现在估计要转过来了，就是说一个星期之内不会有什么大的动作。那么就买个鸡，改善了一下生活，这样就多住了一天。那天拂晓敌人就出动了，我们就上了制高点，两个半连在那里掩护。打了一

天，这两个半连伤亡差不多了，但一一五师跳出去了，山东分局党校叫我们三营掩护出去了。就是打完仗，我们团主任牺牲了，他们200多人，牺牲了140多人。

敌人拂晓时从四面八方来了，团部转不出去了，就在这个制高点苏家崮。敌人是700多人，加上伪军大概是几千人。这样打了一天，子弹全部打光了，手榴弹也拼光了，这是一个恶仗。

就是打到黄昏的时候，两个半连就剩下了十几个人。掩护部队完了以后，任务完成了，天也到黄昏了，他们就突围。突围以后发现那个小路不能走了，就跳崖了。反正我们的部队是那样的，枪打完了就拼刺刀，枪打完了就用石头砸，就是和敌人抱着也啃他两口。跳崖的人是谁呀，我搞不清楚了。我的警卫员被俘了，那次战斗以前的文件都没有了，听说他们坚持了一天之后还出来了十几个。那时本来想头一天晚上走，当时是听萧华主任作报告了，结果被鬼子在拂晓包围了。现在看也不是萧华的事，是不知道电台已经叫敌人抓住了，这就是军队的现代化、科学技术，被人掌握了就是第一战斗力呀。

### 打破鬼子的拉网战术

鬼子主要是抓劳工，到抗大上干队拉人去，所以他合围起来，实行拉网战术。

敌人向周围据点扛子弹、增兵了，知道敌人要"扫荡"了，我们就开始反"扫荡"准备，主力和军队的机关都跳到外边去了。后勤还要在这个地方，后勤有群众基础，军民关系和民兵关系都比主力好，就在这儿坚持。我是1942年7月从主力部队到后勤去的。10月份，敌人就"扫荡"了。部队是老后勤，他带着一队男女老弱就转移到外圈了，没有事了。我带着一个精干的 50 多个人的队伍配合民兵，坚持敌后抗战。这个时候，敌人要拉网了，每 100 米一个小旗，拉网拉过来了，越拉越密，拉到沂水南墙峪这个山谷。那一年我 27 岁吧，带着一个警卫排，再带着几十个干部，跑步到小山上面一看，四面八方都是群众。有一个东北军起义的部队到沂蒙山区了，有二三百人，十几挺机关枪，他们没有带兵指挥的经验，可是武器比我们好。这个时候我就问他们是哪个部分的，他们说是东北军起义的于学忠部的。我说你赶快把山谷顶的这个尖子占住，我有一个警卫排加警卫连在下面山腰部位的一个小破房子守着，这个地方不能叫敌人上来，别叫敌人占了制高点，控制了周围。我叫一个通讯员告诉他，我是什么什么单位，要占什么地方，不让敌人上来，争取坚持到黄昏突围。在西面的大岗上，有一支部队过来了，我又派人去问是哪个单位的，以后才知道是抗大的上干队。这次就是完成了任务了，敌人伤亡不小，我们伤亡不是很大，主力保住了。

拉网的敌人，日本鬼子加伪军有 7000 多人。里面拉进去的群众很多，有学校、区工所、县政府，我们伤亡了百来人。有七架飞机轮番轰炸，我的马都炸死了嘛。当时，我在马的左边，幸亏炸弹扔在右边了，马倒了压住了我，搬开了马我才出来的。我们没有什么，一个特务团长牺牲了。一点伤亡没有是不可能的，周纯全校长问战况怎么样，贾若瑜说双方激战一炷香，双方无伤亡。开玩笑的，打仗哪有不伤亡的呀。

干部心里清楚，不打怎么办？打到最后我们都负伤了，我是轻伤，大队政治委员胳膊打伤了，我们连的一个 1935 年胶东暴动时的老红军战士李启连的嘴巴戳了一下，他说不要紧，我这

个就是擦皮，我就放心了。到了黄昏突围的时候，我一看这怎么办呀，这两支步枪，这个拉不开枪栓了，我就用那个打了100多发子弹。这时候，李启连负重伤了，是我把他背出来的。所以我以后始终在山东纵队特务团当政治委员，别人说我的事，我就不好说自己了，我就是客观地报道。别人说我是赵云式的干部，我没有别的，对党忠诚，为党的利益牺牲个人的一切嘛，是不是？个人的一切都不牺牲，那叫对党忠诚吗？党叫干什么就干什么，当兵不怕死，怕死不当兵，革命不怕死，怕死不革命，就这样。

　　我打仗就是第一对党忠诚，第二就不怕死。完全是这样的！这得具体化，光是口号或者表示决心我不怕死，怎么不怕死呀？第一个打仗不怕被打死，就是对敌斗争不怕流血牺牲；第二，战斗时抢先，不怕献出个人的生命；第三个呢，就是坚持工作，不怕累死；第四个呢，就是坚持真理，不怕被迫害。不管到哪儿，你不对的叫我说对，我是不干；对的叫我说不对我也不干。

## 纪志诚

1925 年生，晋察冀军区画报社记者，离休前任第二炮兵五十二基地副政治委员。

# 在晋察冀画报社的日子

### 沙飞创办《晋察冀画报》

我跟你说，在太行山我们很穷，装备都没有，当时无法想象能够出画报，哪有这个条件呀！当时怎么搞的？沙飞[1]最好的一架照相机还是白求恩大夫送给他的。白求恩不是搞专业摄影的，到中国来带着个照相机叫劳来克。但放大机根本没有呀，那个时代上哪儿去找放大机呀，怎么办呢？这个放大机是沙飞找聂

---

[1] 沙飞（1912—1950），原名司继传，曾用名司徒怀。广东省开平县赤坎区司徒村人。摄影家，《晋察冀画报》创办人。1942 年 5 月，任晋察冀画报社主任。1943 年 1 月，作为晋察冀边区第一届参议会参议员，出席了参议会。

荣臻要的。要出画报没有放大机连展览也搞不了，你怎么行呀？这个聂帅拿出来了个望远镜说，你们拿这个试试去，你们能不能改造一下。沙飞拿过来搞了这个放大机。其他人用的照相机，又叫折叠式的，现在这个照相机连小孩都没有人用，折叠式的4.5的照相机就算是相当好了，像石少华他们就用着这么一个，我也是用了一个这样的。

当时在文化界里，在晋察冀，沙飞是个特殊人物。他和鲁迅有过交往，鲁迅病故以后的那一组照片就是沙飞拍的，所以说他跟聂荣臻元帅能这么好地沟通，有什么事情直接找他去。

这个制版、印刷机都是自己想办法。当时根据地里有几个30年代初期从北平参加革命的印刷工人，水平也不太高，他们和其他人结合起来一起研究，拿木头制造印刷机，拿木头做，拿手摇把子，这么摇呀。那个纸就更可怜了，那时用的纸很差很差，现在都找不到了。

后来晋察冀画报社就派了一个人把军装脱了，穿上商人的衣服到北平、天津去采购这些东西，采购点药面，洗相得有药面呀，叫显影粉。这就是命根子了，反"扫荡"时，丢什么都不能丢这包药呀，往山洞里藏起来，反"扫荡"以后又取出来。沙飞同志给我的印象可深了，他那个为革命为工作不要命的精神，不怕困难、拼搏的精神。现在我一想我就觉得他这个人呀，脑子里没有别的，什么他都不想，就是一条：就是革命，就是工作。他的思想对人们的影响很大。我们出版这个画报，在那个条件下出版，想起来那实在是不容易呀，太不容易了。

## 大"扫荡"中,带胶片的同志扎在死人堆里逃生

1943年,日本鬼子对晋察冀北岳区大"扫荡",实行"三光"政策。当时我在晋察冀画报社工作,我们的反"扫荡"是在秋后开始。我们住在阜平的上庄,敌人"扫荡"以后,我们就进入了阜平一个偏僻的高山,叫华达山,宣传部、组织部等机关化整为零,各自分开打游击、上山。主力部队转移到外线作战,牵制敌人,破坏敌人,粉碎敌人的"扫荡"。军区机关整个分散了,一个一个的小单位,没有正规部队来掩护,就靠自己反"扫荡"。

这个时候到1943年的阳历年了,天气很冷了。我们住在华达山,华达山画报社分了两部分,一部分留在华达山,沙飞带着一部分人到军区保护的那边去,那里人少,而且他们有作战经验。

晚上天黑出发,到那儿大概半夜了,还没睡好,日本鬼子就给包围了。他们在一个山沟里头,日本鬼子把山口堵住,几面山上都包围住,都是机关枪和手枪。我们当时没有一个正规部队,只有画报社带的一个工兵班,这个工兵班是为了掩护画报社的,帮助工作来的,带着到那儿去了。被日本鬼子包围了以后,整个山沟像个口袋似的,山口堵住,鬼子从山上冲下来,这时候就打了交手仗了。

这个工兵班的人和日本鬼子拼了刺刀,当时画报社的主任是沙飞,沙飞一看敌人包围了就往外冲,这个工兵班就掩护他,跟日本鬼子拼刺刀掩护他。要不是工兵班,沙飞就牺牲在那儿了。沙飞冲过了这个山沟、山梁就出来了,可是穿的鞋掉了,袜子也掉了,光着脚在山上走,脚后跟整个磨得肉都没有了,都能看见

骨头了，天一冷一冻，沙飞的脚就给残废了。他冲出去了，赵烈同志没有冲出去。赵烈是画报社的指导员，才二十几岁，很有才华的一个同志。他用手枪和日本鬼子打，子弹打完了，然后向外冲，让日本鬼子给打死了，最后手枪带着一块红布，在那牺牲了。往外冲的时候，牺牲很大，就一个工兵班来掩护，怎么掩护得了，牺牲了很多。

在反"扫荡"之前，沙飞交代任务，画报社的底片分给几个人背着，就规定了一条，只要脑袋在，底片不能丢。这些底片都是随军记者在前线冒着生命危险拍下来的珍贵资料，寄到晋察冀画报社保存起来的。那么，这时候，这个背底片的同志冲不出来了，没有办法了，到哪儿呢？有一个身上带胶片的同志叫杨桂生，一看冲不出来了，就扎在死人堆里，他并没有负伤，他这脑袋往里一扎一转呀，身上都是血。日本鬼子把那个出气的还没有完全死的人又扎了两刺刀。杨桂生呢，日本鬼子用脚踹了他两下，一看不出气了，认为就完了。等这场战斗结束了以后，杨桂生第一个立起来。听着没有动静了，就悄悄地起来了，第一个打扫战场，赶紧地给周围报情况。

在这场战斗中，日本帝国主义残酷到什么程度呢？当时因为军区保卫部叫锄奸部，画报社是和他们会合去，他们也同时遭到了这场日本鬼子"扫荡"的袭击。保卫部长的儿子，才10多个月的小孩子，日本鬼子把这个小孩拎起来以后，放在了早晨还没有下米的开水锅里头给煮死了。这场战斗之后，军区画报社受损失很大，牺牲了不少同志，沙飞同志虽然脚负伤了，残废了，但他马上组织了几个人，反"扫荡"结束后，立刻出版画报，出的就是日本鬼子"扫荡"当中的暴行。反"扫荡"刚结束，画报就出版，克服了很多困难呀，像人员牺牲了，材料也不好找。就是在这种情况下，同志们振作起精神，把当时敌人残酷"扫荡"根据地、杀伤老百姓的材料汇集起来，出版了这个画报，揭露敌人的暴行。这是我在画报社经历的一件事情。

## 过平汉线

1943年这次反"扫荡"以后，到1944年的春天，冀中整个形势有了好转，军区派石少华和我到冀中去采访。但是这个时候到冀中采访，要通过平汉线。现在说起来过平汉线好过，当时可不是这样。敌人在平汉线两边挖了壕沟，中央是铁路，两边是壕沟，壕沟深的有五六米，壕沟的土排到里头，排起来了一道墙，这墙上修起岗楼。路过这个壕沟，通过这个封锁线，是很困难的。

我们当时有四个人要通过这封锁线，一个是石少华同志，一个是我，一个是通讯员，还有我们报社的张玉华同志，他原来在一军分区当过侦察员，对这个地区很熟，因为通过封锁线我们经验不多，要求带上他。

我们先到平汉线接近的地区，通过我们党组织的政权找老百姓带着我们路过。这个壕沟怎么过呢？老百姓知道这个情况，就在那个壕沟里拿镐挖了以后，人家那叫三齿镐，就顺着这个沟溜下来，然后用镐这么锛在墙上，我们在后头蹬着人家这肩膀，这么着上去的，爬过去，那边再下那个沟。老百姓送我们过铁路，也是出生入死呀。当时军民关系非常好，群众对我们八路军支持爱护呀，就像一家人一样，是鱼水关系呀。我们很多次单独地通过封锁线，完全靠老百姓来掩护，来送。

### 到敌占区，遇到"清乡"

我过了铁路，到了冀中。冀中到处都是岗楼，到处是敌人的公路，我们晚上走，白天住，就这样子到达了白洋淀。因为冀中当时的部队和军分区都是穿便衣，老百姓当时穿什么衣服我们也穿什么，我们也换了便衣，穿农民的衣服，戴上一个白羊肚的毛巾，后头扎起来，手枪搁在腰里，照相机呀本呀都扎在腰里头。

天津南边有一个冀南支队，这个支队的任务是要开辟冀南这个地区，把这个地区开辟出来，他后头的根据地就是文安洼，我们就到这儿了。这个地方呢，我们的力量很弱，日本鬼子的统治很严密，我们都是采取武工队的形式活动。我们想到津浦路以东，就是现在的静海，当时都是敌人统治的地方，没有我们的政权，武工队有时候去一下子。我们包括武工队有十来个人，冀南支队抽了手枪队中的十来个人，这时候加上我们三个人，石少华同志一个，我一个，还有一个通讯员杜林山。

我们跟着这个武工队十来个人深入到津南这个地区去，这个地区敌人很猖狂，三五成群随便活动，什么炮楼呀到处都是。我们都是夜间活动，白天隐蔽在一个村落里。可是我们正赶上敌人要"清乡"，他说的"清乡"，不叫"扫荡"，根据地叫"扫荡"，他那个地方叫"清乡"。我们就几个人、十几个人。走？走不了，情况非常紧张，就是我们夜间转移也走不出去。

我们研究后采取了一个办法。怎么办呀？走不了，干脆到一个据点附近去。我们找到了一个有炮楼的大村，在敌人这个眼皮子底下。你"清乡"呀，你不会搞得很严密。我们夜间研究好了后，就到了这个村里，一问，这老百姓没有见过八路军呀，也没有听说过八路军。我们给他们讲，我们是八路军，我们是老百姓的队伍，你不要害怕，这才给他交代清楚。问他，你们村子里的岗楼在什么位置，它怎么个情况，你给我们说说，想了解一下岗楼的活动情况。这个老百姓告诉我们，晚上他们一般不出来，白天随便到这个村里来转，说这个岗楼上伪军的队长就是他们这个村的，他家在什么地方住。我们一听这个，说，好，你带我们去，我们就到他家去。他不敢去，他说这个可了不得呀，将来你们走了，我就没有命了。我们给他讲，你不要害怕，你到那儿指给我们，你就回你的家就行了，或者是说，你不回来，我们也保证你的安全，你放心。给他打消了这个顾虑，带着我们去了，指给了我们。这个伪军队长住在什么地方呢，住在一个深胡同的里头。

### 在伪队长家里隐蔽

老百姓领我们到了伪军队长家里头去，我们直插胡同底到了他家，马上在他家门口就放上了岗。我们一去，吓坏了他爸爸、他妈妈、他老婆。那小老婆吓得都给跪下了，说你们要什么？我们给他们实话实说，我们是八路军，你不要害怕，我们知道你家是伪军队长的家。我们在你们家住，我们不伤害你们家属，但是你们不能吵，不能喊，一定不要出这个大门，大门我们已经放上岗了，你们出不去。那么，明天白天所有串门的，到你家来的人，你统统要管饭，只要来了人就不能出去，来一个，就在你这屋里休息，不能出去，来几个，在你这儿要待几个，就是说要封闭起来，我们不伤害你。我们在你这儿吃，吃了给你钱，我们不白吃。明天你儿子要是回来，我们只要求一条，你家里要做到，

让你的儿子老老实实地听我们的话，放下武器，不能动武，如果他动武，当场会被击毙，包括你的家里人，你要参与，统统击毙。哎呀，他就吓得不得了了，当时说好好好。你说什么，他答应什么，给我们腾出房子来，我们就住在他刚结婚的房子里头，把他家的人集中在一个屋，其他来了的人就在这院子里，在屋里待着，谁也不能出去，我们把他们的大门给卡死了。

我们当时采取的战术是什么呢，敌人只要是来，他的儿子也好，伪军队长带着人来也好，就放他进大门。我们当时有十来个人的手枪队呀，带的驳壳枪、手榴弹这两种武器，就这两种。只要他进来了，就把大门卡死了，不能出去，你要动武当场就击毙，反正是我们也完蛋，你也走不了。如果你听话，我们不伤你，但是有一条我们要跟他讲，你给敌人做事情，你做的坏事，你们这一带的老百姓都给你记着账呢，早晚有一天要跟你算账。你要改邪归正，好好的；你要是给敌人干事，可以，但是要为老百姓着想；如再欺负老百姓，伤害老百姓，我们把你家里的人全毙了。他回来我们就是这个政策，只要回来动武，全部要击毙。不回来，你将来要给你的儿子讲清楚，他当伪军队长，本身就是做了汉奸了，替日本鬼子卖命，欺负老百姓，你要告诉他，以前做的坏事，以后再不能做。

他就讲，我一定不让我儿子给日本鬼子干了，我把你们说的这个统统给他讲，不让我儿子干这个，以后我们保证不干坏事了，再干坏事，你们将来上我们家来，还可以跟我们算账。给他教育以后，他说得很好。前半夜，我们进去的他家，待了半夜，第二天待了一天，敌人没有去，伪军队长也没有回家，到夜间天黑了，十一二点了，我们要走，要赶紧转移。敌人"清乡"呀，他过了什么地方，我们就插这个空子，就要回去。这时候我们就连夜出去了，一夜走了几十里路呀，就走出这个圈子了。

这个地区我们去了以后了解了情况，感觉到必须把我们冀南支队武装力量加大，把我们的部队，我们的力量投入到这个地区去，开辟这个地区的工作。回来后，我们就给军区反映了这个意见，这是我遇到的一件事。